Anonymous

**Standhafte Aufklärung des Ungrunds eines von kurpfalz an
das versammelte Reich genommenen Rekurses**

Anonymous

Standhafte Aufklärung des Ungrunds eines von kurpfalz an das versammelte Reich genommenen Rekurses

ISBN/EAN: 9783743624023

Hergestellt in Europa, USA, Kanada, Australien, Japan

Cover: Foto ©Suzi / pixelio.de

Weitere Bücher finden Sie auf **www.hansebooks.com**

Standhafte Aufklärung

Des Ungrunds

eines

Von Seiten Chur-Pfalz

an

Das versammelte Reich

genommenen Recurses

In Sachen

Des Herrn Cardinalen Bischoffen und Fürsten zu Speyer

entgegen

Ihro Churfürstliche Durchleucht zu Pfalz

Puncto Contraventionis Tra-
ctatuum de Anno 1755.

Aus Veranlassung

einer

Hierüber zur öffentlichen Reichs-Dictatur verbrachten so betitulten
kurzen Ausführung der rechtlichen Ursachen des
Recurses

an

Den allgemeinen Reichs-Convent

von

dem Verfahren des Kayserlichen Reichs-Hofraths rc.

Bruchsal, gedruckt in der Hochfürstlich-Speyerischen Hof- und Canzley-Buchdruckerey.

Der von Churpfalz zur gegenwärtigen höchst-ansehnlichen Reichs-Versammlung zu ergreifen beliebte Recurs ab einer Kayserlichen Allergerechtesten Erkanntnuß in Sachen des Herrn Cardinalen Bischoffen und Fürsten zu Speyer, entgegen Se. Churfürstliche Durchlaucht zu Pfalz, in Betref verweigerter Erfüllung eines indem Jahr 1755. mit allen erforderlichen Feyerlichkeiten beschlossenn Vertrags, kan bey Zerlegung seiner inneren- zu einer Reichsgerichtlicen Entscheidung alleinig geeigneten Bewandsame, ohnmöglich von jener Würkung seyn, nach welcher man Churpfälzischer Seits das Ziel stecke.

Die zu Besteiffung dieses Recurses zur Hülf genommene- und in der zur öfentlichen Reichs-Dictatur beförderten so benamsten kurzen Ausführung der Ursachen des Recurses aufgestellte Vorwände (wordurch man nicht nur Sr. Hochfürstlichen Eminenz zu Speyer unter denen unglimpflichsten Vorwürfen ohnnachbarlicher Unruhestiftungen die Vertheidigung einer ohngerechten Sache, dem Kayserlichen Reichshofrath aber ein ohngebührliches widerrechtliches Verfahren beymessen will) tretten der ganz anderst bewandten Neigung und Friedliebenheit Sr. Hochfürstlichen Eminenz allzunahe, als, daß Höchst-dieselbe sich nicht vermüßiget sehen solten, dem ganzen Reich die Ohnerfindlichkeit des Churpfälzischen Vorwurfs, die Gerechtigkeit solch ihrer bey dem Kayserlichen Reichshofrath abgedrungener Weiß eingeführter, und allda rechtlich entschiedener Sache, und folgends den Ungrund des jenseitigen Recurses durch gegenwärtige gründliche Aufklärung vor Augen zu legen.

A   §. I.

§. I.

Das Verhältniß zwischen Churpfalz und dem Fürstlichen Hochstift
Speyer und das starke Uebergewicht des ersteren ist Reichs-kündig; In
Anbetracht dessen wird einem jeden ohnbefangenen Gemüth, und wer
auch hiervon nur die mindeste Känntniß hat, die des Herrn Cardinalen Bischoffen und Fürsten zu Speyer in dem Churpfälzischen Abdruck
aufgedrungene Beschuldigung: ob hätten dieselbe von Anfang ihrer Regierung zahlbare ohnnachbarliche Unruhen erwecket und fortgesetzet, anderst nicht, dann unglaublich, fremd, und seltsam vorkommen müssen.

§. 2.

Das fürstliche Hochstift Speyer begnüget sich gar gerne mit dem sei-
nigen, und schätzet einen ohngestöhrten Ruhestand bey seinen alten hergebrachten Besitzthumen für eine seiner größten Glückseeligkeit.
Neue ohngegründete Ansprüche zu erwecken, oder einen so über-
mächtigen Reichsstand, als Churpfalz ist, zu beunruhigen, ist von
der friedfertigen Denkensart und der ausnehmenden Hochachtung
St. Hochfürstlichen Eminenz, so Dieselbe gegen einen so vornehmen bevorab benachbarten Churfürsten des Reichs hegen, allzu weit entfernet;
zumalen dieselbe ohnehin all dasjenige mit größtem Widerwillen verabscheuen, was nur denen Reichs-Gesätzen anstößig seyn mag.

Die traurige Vorgänge und Begebenheiten älterer Zeiten auch schwere Beschädigungen haben das Fürstliche Hochstift allzu sehr beklemmet,
als daß dasselbe an Auftweckung einiger Unruhen gegen benachbarte Reichs-
stände nur denken solte.

Man zählet von einigen Jahrhundert her eine zahlreiche Menge
Tractaten, so das Fürstliche Hochstift zu Erwerbung des Ruhestands mit
Churpfalz von einer Zeit zur andern abzuschliessen sich nothgedrungen
gesehen.

Wenige derenselben seynd, durch welche nicht die schönste Dorfschaften, Land und Leuthe, einträgliche Gründe, Waldungen und stattliche
Gerechtsame an Churpfalz abgetretten, und aufgeopfert worden; Keiner
aber ware, welcher nicht von Churpfälzischen Ansprüchen und Thathandlungen seinen Ursprung genommen, so daß, leider! der Schluß eines jeden Vertrags schon wieder den Grund zu einem künftigen legte, und auf

solche

solche unglückliche Weiß geriethe nebst denen beträchtlichen Lehnschaften nach und nach ein grosser Theil des Fürstlichen Hochstifts in Churpfälzischen Besitz und Hände.

§. 3.

Kündigermassen ware der Monath November des 1743sten Jahrs der Anfang der beschwehrlichen Regierung des Herrn Cardinalen, Bischoffen und Fürsten zu Speyer. Bey dem Eingang in dero Fürstlich-Speyerische Landen ware ihre erste Reichs patriotische Besorgnuß und Aufmerksamkeit, wie sie sich mit benachbarten hohen Chur- und Fürstlichen Ständen in ein freundschaftliches Vernehmen und Verständniß setzen, und darinnen beveftigen möchten. Sie wurden aber auf das empfindlichste gerühret, da sie ihr Fürstliches Hochstift in einem Abgrund Churpfälzischer Bedrangnussen versenket sahen. Wovon das neueste Beyspiel ware, daß dero Amtskeller Obermann von Deydesheim schon einige Monathen lang vor Antritt dero Regierung in der Churpfälzischen Oberamts statt Neustatt mit Personal-Arrest verstricket lage, verfolglich die Erledigung dieses ihres Beamtens und überhaupt die angetroffene zahlreiche Churpfälzische Beschwerden Ihnen die erste verdrüßliche Regierungs-Beschäftigung machte; und

§. 4.

Obgleich Se. Hochfürstliche Eminenz ihre sorgsamste Bemühung vorzüglich dahin verwendeten, die von Anno 1709. als dem letzten Vertrags-Jahr Churpfälzischer Seits neu-gesammlete- und bey Dero beyden letzteren Herren Vorfahreten sehr angehäufte ohnerträgliche Beschwerden durch das Mittel einer gütlichen Abgleichung aus dem Weeg zu raumen, hierdurch sofort Dero Fürstlichen Hochstift den erwünschten Ruhestand zu verschaffen, so giengen gleichwohl alle hierüber angestellte freundliche Versuche verlohren.

§. 5.

Gegen-über verstärkten sich die Churpfälzische Zudringlichkeiten, und Beeinträchtigungen immer mehr und mehr.

Die alte wurden mit neuen gehäuffet, und fast keine denen Churpfälzischen Landen angränzende Seite des Fürstlichen Hochstifts konte sich einer Ausnahme von solchen Drangsalen berühmen.

§. 6.

§. 6.

Feindliche Ueberzüge deren Fürstlich ⸗ Speyerischen Landen mit Hussaren, ganzen Compagnien Grenadiers und Regimenter regulirter Trouppen zu Roß und zu Fuß : aufgedrungene Einquartirungen und Verpflegung deren Trouppen : militarische Erpressungen grosser Summen Geldes : gewaltsame Entführungen grosser Quantitæten Weinen: gewalthätige mit gewafneter Hand begleitete Einfälle ganzer Churpfälzischer Gemeinden in die Hochstiftische⸗ theils herrschaftliche, theils gemeine Waldungen, worinnen sie mit Umschlagung ganzer Strichen des schönsten Gehölzes degradations⸗mäsige Verwüstungen angerichtet: die gefängliche Aufhebungen Speyerischer Unterthanen aus ihren Wohn ⸗ Orthen: arrestirliche Verstrickungen ihrer Personen und Habschaften: die in Beschlag genommene herrschaftliche Zehenden und Gefällen mit Verlust vieler tausenden Gulden: arrestirliche Anhaltungen Fürstlich⸗Speyerischer Bedienten, wobey sogar der Fürstlich⸗Speyerische geheimbe Rath und Hof⸗Canzler nicht verschonet bliebe, sondern im Jahr 1752. zu Heidelberg auf eine prostituirliche Weiß arrestiret wurde: diese und mehr andere dergleichen Ruhe⸗ und Fried⸗stöhrende Thathandlungen, deren man dahier Kürze halber nicht gedenken will, sind offenbare Ueberzeugungen, daß die Unruhen nicht von Seiten des Herrn Cardinalen Bischoffen und Fürsten ihren Ausbruch genommen.

Alle leiteten ihren Hergang von der Churpfälzischen Uebermacht, alle waren einer Reichs⸗Gesätz⸗widrigen Eigenschaft, und keine unter solchen ist, deren Absehen nicht auf eine Schmählerung ein und anderer Hochstiftischer liegenden Gründen oder vornehmer Gerechtsamen gerichtet ware.

§. 7.

Hiervon kan vorzüglich jener in dem Römischen Reich zwischen Reichs⸗Ständen so leicht nicht erhörte Vorgang zum nächsten Beyspiel dienen. Da man sich nemlichen im Jahr 1753. Churpfälzischer Seits nicht entblöden dörfen die Fürstlich⸗Speyerische Ober⸗ und Aemtere Kirrweiller, Deydesheim nnd Edesheim mit 860. Mann Dragoner und Grenadiers nebst 103. Pferden feindlich zu überziehen, sich eigenmächtig einzuquartiren, von denen Unterthanen Fourage für die Pferde, Verpflegung mit Fleisch, ⸗Brod und Wein für die Mannschaft abzupressen, unter Verübung allerley zaumloser Insolenzien und Ausstossung infamester

Reden

Reden von denen Gemeinden Contributions-Gelber zu 2. 3. biß 500.
Gulden weiß, nebst starken Zehrungen und Diæten abzubringen, verschiedener Orthen die Wein-Keller unschuldiger Privat-Leuthen gewaltthätig zu erbrechen, daraussen starke Quantitæten Wein zu entführen, hierdurch
sofort ohne die dabey noch sonst ausgeübte beträchtliche Excessen dem Fürstlichen Hochstift und Unterthanen einen über 8900. Gulden sich bestre-
ckenden Schaden zuzufügen, und, mit einem Wort, solche Feindseeligkeiten zu verüben, dergleichen man in vielen vorgewesenen Kriegen
kaum erlebet hat; und die mit der großmüthigen selbstiger Gedenkens-
Art Ihrer Churfürstlichen Durchleucht keineswegs zu vereinbaren seynd.

§. 8.

Eine hierüber im Druck ergangene so benamste vorläufige jedoch
gründliche Ausführung der Hochstift-Speyerischen Landesfürstlichen
Gerechtsamen in und über die beyde Dorfschaften Grevenhausen und
St. Lamprecht ꝛc. ꝛc. vom Jahr 1753. machet von diesem kriegerischen
Unternehmen, und denen zu dessen Beschönung hervorgesuchten ohn-
statthaftesten Ursachen eine umständliche Abschilderung, wohin man sich
dann zu Abkürzung ohnangenehmer Weiterung lediglich bewirfet.

Die Anlage unter Nro. 1. aber lieffert einen summarischen Begrif N. 1.
deren übrigen Churpfälzischen Beschwerden, worunter zeithero das
Fürstliche Hochstift nach Hülf und Rettung geseufzet.

§. 9.

Bey solchen allerseitigen harten Anfällen mußte sich das Fürstliche
Hochstift desjenigen allgemeinen Zuflucht-Mittels bedienen, welches die
heilsamste Reichs-Satzungen zu Rettung deren so bedruckt- und bedrangten Reichs-Ständen und Aufrechthaltung Ruhe und Friedens in dem
Reich weissest verordnen.

Nichts ware also übrig, als sich in die Arme der Justiz zu werfen, und
das Obrist-Reichs-Richterliche Amt zur Hülfe zu suchen. Man würkte
solchemnach eine Citation, ein Mandat, und eine Paritoriam über die andere aus. Allein die kundbare Churpfälzische Gleichgültigkeit gegen derley
Obristrichterliche Verfügungen machte dieses rechtliche Hülfs-Mittel
ganz ohnwürksam; dann niemalen erfolgte hierauf die Richterlich- auferlegte

B   Wieder-

Wiedererstattung der abgenöthigt= und widerrechtlich entzogenen Sache,
niemalen eine Vergeltung deren verursachten oftmals beträchtlichen
Kösten und Schäden, und niemalen, ja am allerwenigsten die gründ=
liche Behebung deren eingeklagten Hauptbeschwehrnussen, als welche
nur in so lang stillstunden, biß sich zu deren Wiederaufweckung eine
günstige Gelegenheit darstellte.

§. 10.

Solchergestalten ware das Fürstliche Hochstift in einem immerwäh=
renden Land= und Leuth= verderblichen Gedräng, und was konte dieses
anders in dem Ruhe= und Fried=libenden Gemüth Sr. Hochfürstlichen
Eminenz, als lauter Unruhe, Sorge und Bekümmernuß erwecken?

§. 11.

Wie sorgsam und ohnermüthet dahero Dieselbe ihre ganze Regie=
rungs Jahren hindurch sich um die gütliche Abgleichung deren Chur=
pfälzischen Anstößigkeiten ohnunterbrochen beworben, und was schwere,
ja übergroße Kösten Dieselben auf die stete Abschickungen ihrer Räthen
an das Churpfälzische Hoflager und andere hierzu bestimmte Orten
mit fruchtloser Hinlegung ganzer Wochen, Monathen und Vierteljahr
zum Versuch= und Betreibung eines Vergleichs aufgeopferet, hierüber
können die desfalls geführte Briefwechsel, die in starke Convoluten auf=
gewachsene Conferenz-Protocollen, und andere dahin einschlägige Ur=
kunden ohnverwerfliche Zeugen abgeben.

§. 12.

Doch man erreichte endlich nach einer zwölfjährigen steten mühesamen
Bearbeitung den Endzweck, und es kame in dem Jahr 1755. ein Ver=
trag in einem Verfaß von 87. Beschwerden zwischen dem Chur=Haus
und dem Hochstift zum Beschluß; Die darauf gefolgte feyerliche Aus=
fertigung einer Vergleichs=Urkunde unter eigenhändiger Beyschrift bey=
der Hohen Herren Pacifcenten und Auswechslung derenselben, legten
dem Vertrag diejenige vollkommene Gültigkeit bey, die eine Rechts=
kräftige und ohnauflößliche Bindnuß immer erheischen mochte.

§. 13.

Bevor aber diese gütliche Abgleichung zu ihrem Entschluß gedie=
hen, wurden über die vorgeschwebte Mißlen, die den Vorwurf des
künftigen

künftigen Verglichs abgeben solten, oft wiederholte Conferenzien ver-
anlasset: in solchen von denen bevderseitigen Commissariis über jeden
Beschwehr-Punct ausführliche Handlungen zu Protocoll gepflogen:
über die also conferentialiter behandelte Sache bey denen Chur- und
Fürstlichen Regierungs und Cammer-Collegien die genaueste und rei-
feste Prüffungen angestellet: von beyden Hohen Herren Chur- und Fürsten selbst die fürgewaltete Beschwerden nach ihrer innersten Bewandnuß in Erwegung genommen: sofort das ganze Verglichs-Werk mit
allmöglicher Behutsamkeit in die Weege einer gütlichen Beylegung ein-
geleitet. Anverwahrter Auszug des Vertrags Nr. 2. bewähret die-N.2.
fes alles des breiteren.

§. 14.

Bey einem solchen nach einem zwölfjährigen Zeit-Abfluß zur Reiffe
gediehenen mit so vieler Vorsicht, Ueberlegung und Vorbedacht zu stand-
gebrachten- mit allen Erfordernissen bevestigten, und mit Chur- und
Fürstlichen hohen Unterzeichnungen bestatteten Vertrag hätte man sich
nichts gewissers, als einer bevderseitigen ohnunterbrüchlichen Festhal-
tung versehen, und gesichert halten sollen, nunmehr auf die künftige
Zeiten gegen alle fernere Thätlichkeiten wenigstens in denen abgeglichenen Puncten verwahrt zu stehen.

Allein, man erzweckte nichts wenigers, als diese Sicherstellung;
dann der Vergleich hatte biß nun zu keine andere, als diese Würkung,
daß ein und andere der Churpfalz und Dero Unterthanen vortheilhafte
Artickuln durch Churpfälzische und Speyerische Commissarien auf ihren
Stellen in Vollstreck- und Erfüllung gebracht, die übrige aber, ob sie
gleich nichts anderes, als Hochstiftische schon vorhin besessene alt-her-
gebrachte Gerechtsamen zum Grund hatten, nicht nur einer völligen
Ohnwürksamkeit überlassen, sondern auch Vertrag-widrig in ihren vorherigen Widerspruch dermassen zurückgesetzet worden, daß statt ver-
hoffter Tractat-förmiger Eintracht neue Unruhen und beschwehrliche
Thathandlungen hervorgebrochen, die in dem Tractat zu fernerer beyderseitigen commissarischen Untersuchung und gütlicher Abgleichung aus-
gestellte Puncten aber in jener ohnausgetragener Verwirrung belassen
worden, worinnen sie durch die anderseitige ohngegründete thätliche
Ansprüche vorhin versetzet waren.

B 2   §. 15.

§. 15.

Keine hierwider eingelegte Vorstellungen, so nachdrücklich sol=
che auch immer waren, konten fähig seyn, bey Churpfalz Eingang und
Gehör zu finden, und die vorhero sr heilig beschloffene Tractaten auf=
recht zu halten. Ja die mehreste deren sowohl von Sr. Hochfürstlichen
Eminenz an Se. Churfürstliche Durchleucht zu Pfalz, als auch die von
der Speyerischen Regierung an die Churpfälzische hierüber erlaffene
Beschwehr=Schreiben wurden endlich gar mit einem verächtlichen Still=
schweigen übergangen.

§. 16.

Kein Wunder also, wenn man sich an Seiten des Fürstlichen Hoch=
stifts nach vergeblich getragener lang=jähriger Nachsicht, Langmuth
und Gedult abermalen nach denen rechtlichen Hülfs=Mitteln umgese=
hen, und wider die mit neuen Gewaltthaten unterstützte Vertrags=
N.3. Brüche das unter N. 3. angefügte Kayserliche Gebott ausgewürket.

§. 17.

Was aber das Fürstliche Hochstift bey fast allen vorherigen Kay=
serlichen Verfügungen beklaget, eben nemliches mußte daffelbe auch
bey dieser gerichtlichen Auswürkung bedauren; Es verbliebe nemlichen
diese Kayserliche Verordnung ganz ohnthätig, ganz ohne Würkung,
und man konte das Ziel ihrer Vollstreckung biß nun zu nicht erreichen.
Dann obgleich auf das hieroben allegirte Kayserliche Rescript den 20ten
N.4. Martii 1762. ein Rescriptum Paritorium N. 4. auf dieses unterm 11ten
N.5. Octobris 1763. ein Mandatum de Exequendo N. 5. an den Creyß=aus=
schreibenden Herren Fürsten des Ober=Rheinischen Creyses Herrn Bischo=
fen zu Worms, wie auch die Creyß=ausschreibende Herren Fürsten des
Schwäbischen Creyffes erkannt wurde; so lieffe gleichwohl Churpfalz
sich hierdurch nicht bewegen, dem Fürstlichen Hochstift ohne richterli=
chen Zwang jene Gerechtigkeit angedeyhen zu laffen, welche ihren Ur=
sprung aus einer mit Chur= und Fürstlichen theuerresten Treu und
Glauben bewährten und durch Obrist=Richterliche Entscheidung bestät=
tigten Vereinigung herleithet, noch auch waren die Executions=Höfe
zum Vollzug des Kayserlichen Executions Auftrags zu disponiren.

Dieser so langjährige Verzug der Hülfs=Vollstreckung ware viel=
mehr eine Gelegenheit, daß Churpfalz endlich gar auf das äufferste Ver=

jögerungs-Mittel verfallen, und gegen das Reichshofräthliche gerechteste Verfahren einen vermeinten Recurs ad Comitia ergriffen.

§. 18.

Die Grundsätze, worauf die vermeintliche Befugsame dieses Recurses gestützet werden will, bemerket man in einer Churpfälzischen zur
öffentlichen Reichs-Dictatur gebrachten sogenannten gründlichen Ausführung der Ursachen des Recurses: daselbst kommen sie in einem Verfaß von 11. Artickeln zum Vorschein; das weesentliche derenselben gehet eigentlich dahin:

Erstlich

Hätte das Fürstliche Hochstift durch den Vertrag neue Erwer-
bungen, lauter vornehme Churfürstliche Hoheits-Rechten, Zuständ-
nussen, und Einkommen des Staats sowohl- als beträchtliche Gerech-
samen, Nutzbarkeiten und Gefällen Dero Unterthanen überkommen.

§. 3. Der Churpfälzischen kurzen Ausführung.

Zweytens

Setze zum Æquivalent derselben von dem Fürstlichen Hochstift die
durch Erlöschung des Manns-Stamms von Metternich Müllenarck
heimgefallene Lehen der Herrschaft Neckarsteinach versprochen, und
hierüber von dem Freyherrn von Radenhausen, um mittlerweil die
Tractats-Urkunde, woran Sr. Hochfürstlichen Eminenz und dem
Hochstift alles und alles gelegen gewesen, zu erlangen, der sub Num. 1.
der Churpfälzischen kurzen Ausführung beygelegte Revers ausgestellet
worden.

§. 4. & 7. Der kurzen Ausführung.

Dieses Versprechen aber seye an Seiten des Fürstlichen Hochstifts
nicht erfüllet worden, dahero Se. Churfürstliche Durchlaucht auch die
Ihro dadurch abgenöthigte Unverbindlichkeit an dem Vertrag öffentlich erkläret, fort deßen Se. Hochfürstliche Eminenz und Dero Hochstift in denen Churfürstlichen Landen nicht empfinden laßen.

§. 8. & 9. Der Churpfälzischen kurzen Ausführung.

C   Drittens

Drittens

Habe der Kayserliche Reichs-Hofrath wider die offenkündige Jura in Theſi geſprochen, und Jhro Churfürſtlichen Durchleucht ſich über die Zubringung ſub ſpecie Juſtitiæ zu beklagen, und geſamte Acta dem allgemeinen Reichs-Convent zu gefälligſtem Ermeſſen vorzulegen.

§. 11. Der Churpfälziſchen kurzen Ausführung. .

Viertens

Seye in Verfolg des Allerpreißwürdigſten Commiſſions-Decrets vom 6ten Septembris 1715. denen erheblichſten Beſchwerden deren Reichs-Ständen und ſonſt jedermann der Recurs zugeſtatten, wie dann dergleichen Proceduren nicht zu pariren, in allen Wahl-Capitulationen erlaubt werde.

§. 11. Jn 2ten Abſaz der Churpfälziſchen kurzen Ausführung.

Fünftens

Wäre das Gravamen wegen ſothaner Verbreitung allgemein, und verbleibe es in ſo lang, biß die von geſamten Churfürſtlichen Collegio in älteren und neueſten Zeiten vorgeſtellte Klagden erledigt, die Capitulations-mäßige Viſitation vollzogen, und die ganze Verfaſſung dieſes Reichs-Gerichts in die Geſäz-mäßige Schranken gerichtet ſeyn werden.

§. 11. Kurzer Ausführung 2ter Abſaz.

Sechſtens

Könne in dem Fall, wo eine widerrechtliche Contraventio Tractatûs vorwalte, nicht verkehrter Weiß ab Executione angefangen werden, ſondern müſſe nach der Natur der Sache, und Beſtimmung der Rechten durch einen ordentlichen Proceſs unterſuchet- und erörteret werden: Ob der beklagte Hohe Theil ohne die dem Herrn Klägern obliegende Erfüllung an den Vertrag gebunden ſeye? wie das Kayſerliche Reichs-Cammer-Gericht in Sachen Dechants und Capituls zu Speyer contra den Herrn Marggrafen zu Baaden-Durlach verfahren, und im Jahr 1758. die Klage an die Auſträgen verwieſen.

§. 11. Churpfälziſcher kurzer Ausführung 3ter Abſaz.

Siebendens

Siebendens

Jhro Churfürstlichen Durchleucht aber seye das Recht der erften Inftanz und Dero ordentliche ohnmittelbare Richter auf Erinnerung nicht willfahret, sondern benommen worden. Worgegen die Kayserliche Wahl-Capitulation Art. 18. §. 4. das ganze Gewerk deren Mandatorum, Paritoriarum, und Executorialium difertis Verbis zernichte.

Citato §. 5ter Abfatz.

Achtens

Seyen die Auftragæ conventionales zwischen Churpfalz und dem Hochftift Speyer ohnlaugbar, und würden durch das fub Num. 2. & 3. beygelegte Pactum clientelæ bewiefen, wobey Kayserliche Majeftät die Stände zu manutenirn verfprochen.

Cit. §. 6ter. Abfatz.

Neuntens

Müßten alle Churfürften, Fürften und Stände des Reichs felbft diese Beschwehrung empfinden, da es mit ihren Privilegiis fori primæ Inftantiæ & auftrægalium conventionalium durch Aufftellung folchen Præjudizes gethan feyn würde.

Cit. §. 7ter Abfatz.

§. 19.

So fcheinbar nun diefe Vorwände nach dem äufferlichen, einem in der Sache Ohnbelehrten, vorkommen dörften, fo ohntriftig und unzureichend wird man fie finden, wann diefelbe in dem innern ihrer ächten Bewandfame beleuchtet werden. Die zur Seiten des Fürftlichen Hochftifts ftehende Gerechtigkeit der Sache fowohl, als die Vollkommenheit eines vorgegangenen Gefätzmäßigen gerechten Verfahrens wird fich von allen Seiten aufklären, und jeder ohnbefangener Ermäßigung das rechte Licht anzünden, dann daß

§. 20.

Zum Erften

Das Fürftliche Hochftift durch den angezogenen jüngfteren Tractat lauter Churfürftliche Hoheits-Rechte, Zuftändniffen und Einkommen

C 2   des

des Staats, auch Nutzbarkeiten, Gerechtsame und Gefälle von Chur=
pfälzischen Unterthanen erworben haben solle, wird zwar in der Chur=
pfälzischen kurzen Ausführung vorgegeben, allein ohne geringsten Be=
weiß und Ueberzeugung, ja ohne einige Berührung ein= oder anderer
solcher stattlichen Rechten.

. Das Fürstliche Hochstift weiß sich noch zur Zeit nicht eines einzi=
gen solcher Rechten, das ihme durch den Tractat zugegangen wäre,
zu berühmen.   Prüffe man nur den Innhalt des ganzen Vertrags,
den Ursprung und die weesentliche Bewandtnuß deren abgeglichenen
Puncten, und man wird mit verwunderen statt der dem Fürstlichen
Hochstift irrig angerechneten Acquisition nichts dann dieffeitige stärkste
Nachgiebigkeiten und Verlust bemerken; viele tausend Gulden, welche
man Churpfälzischer Seits von denen Hochstiftischen in unbefugten
Beschlag genommenen Zehenden, Zinß, Pfacht=Früchten und derglei=
chen, theils von abgepfändeten Habschaften dieffeitiger Unterthanen
baar eingezogen, mußten zum Voraus als ein Vertrags=Opfer an die
Stirne geschmitzet werden; Ueberhaupt aber befindet sich nichts in de=
nen Tractaten dem Hochstift zugedacht, was nicht demselben schon vor=
hin von Urzeiten her eigen gewesen; all solches ware vor Jahren ohn=
strittig; blos die Churpfälzische von Recht und Billigkeit entfernte
Anfechtungen machten dasselbe zu Gegenstände des Vertrags, woraus
Beschränck= und Verminderungen dieffeitiger Gerechtsamen entstanden.

Der einzige Gewinnst also, den das Fürstliche Hochstift durch die
Berichtigung des Tractats mit Churpfalz zu erzielen getrachtet hat,
ware die Verschaffung des Ruhestands und Sicherstellung seiner von
denen Churpfälzischen Ober= und Aemteren mit Unfug mißhandelter
verschiedener liegenden Gründen, und häufiger Gerechtsamen gegen
fernere Anfälle.

Mit lauter solchen und keinen anderen Vorwürfen ist der
Tractat angefüllet; dahingegen wird man von begebenen Churfürstli=
chen Hoheits=Rechten, Nutzbarkeiten, Gerechtsamen und Einkünften
in solchem keine Spur antreffen.   Aus der hierobigen Beylage N. 1.
laffet sich das wahre Gegentheil entnehmen.

. Aus dieser Ohnerfindlichkeit der Churpfälzischen vorgeblichen Zu=
eignuffen fürnehmer Rechten beschliesset sich

§. 21.

§. 21.

Zum Zweyten.

Die Ohnrichtigkeit des Æquivalents, so man auf jene zu fusen vermeynet, dann der Tractat gebenket dessen mit keinem Wort, und die dem Vertrag vorgegangene schriftliche Vergleichs-Handlungen besagen nichts minderes, als einen auf die Herrschaft Neckersteinach sprechenden Ersatz, worzu sich das Fürstliche Hochstift jemalen verbunden hätte, zu einem ohnwiederfprechlichen Kennzeichen, daß bey Verabredung des Vertrags an keine ein- oder anderseitige Erstattung eines Æquivalents gedacht, vielweniger eine Verbindung hierüber beschlossen worden seye.

Bedingnussen von solcher Beträchtlichkeit aber, welche, gleich dieses, auf Abtrettung Land und Leuthe abgehen sollen, kommen ohne vorgängiges reiffes Erwegen und Behandlen zwischen Pacifcenten so leicht nicht zum Schluß, und wenn sie auch diesen erreichen, so verdienen sie gewißlich eine Hauptstelle in der verbrieften Convention; diese nöthige Vorsicht wird wenigstens derjenige Theil, der den Werth des Bedings, eine so wichtige Abgab, zu empfangen hat, so schlechterdings nicht ausser Augen setzen, sondern zu künftiger seiner Sicherstellung die Einrückung einer solchen Haupt-Bedingnuß in die Urkunde mit Nachdruck zur Bethätigung zu verbringen suchen.

Von denen Churpfälzischen beywohnenden erlauchten Ein- und Vorsichten in wichtigen Geschäften und Handlungen lasset sich ohne Verletzung des allzukundbaren Ruhms kein widriges Denken; es muß also die Folge à contrario desto bündiger seyn, wann sich von einer so merkwürdigen Bedingnuß eines Æquivalents auf die Herrschaft Neckersteinach in dem über den Tractat gepflogenen Schrifthandel, ja sogar in der Vergleichs-Urkunde selbst kein Schatten erblicken lasset, da jedoch der Vorbehalt dieses angeblichen Æquivalents unter denen Vergleichs-Puncten der fürtreflichst- und beträchtlichste gewesen seyn würde.

Wer also darf wohl mit Vernunft vermuthen? daß solcher gleichwohl mit Stillschweigen würde übergangen worden seyn?

Uebrigens reichet der jenseits zum Beweiß angezogene Revers des Fürstlich-Speyerischen Herrn geheimen Rath und Ober-Hof-Marchal

D   Freyherrn

Freyherrn von Radenhausen zum Behuf der gegentheiligen Absichten nicht den mindesten Stoff; dann dieser ist eine Nachgeburt, die allererst vier Wochen nach dem schon beschlossen- gefertigten und aus- gewechselten Tractat erfolget; solcher ware eine von dem Tractat ganz unterschiedene Handlung: sie hatte mit jenem keine Gemeinschaft noch Verbindung: der Revers berühret den Tractat mit keinem Wort: man findet in solchem keinen relativen Bezug auf jenen, weniger aber eine Erwehnung von einem behandelten Æquivalent: am allerwenigsten aber einen Lehens-Versprch der Herrschaft Neckarsteinach an NB. das hohe Chur-Haus Pfalz; und wie wolte man wohl bey so offen- bar entgegen stehenden Merkzeichen dafür halten können, daß dieser Revers in dem vorherigen Tractat einen so würkenden Einfluß gehabt habe, daß er hierdurch die Eigenschaft eines davon abhangenden Æqui- valents-Geding an sich genommen hätte.

Die klare Worte des Reverses sind offenbare Uberzeugungen des Gegentheils. Der Revers redet zwar von einer Belehnung, allein solche gehet und beschräncket sich auf die Person des dazumaligen Chur- pfälzischen Herrn Staats- und Conferenz-Ministers Freyherrn von Wreden; Dieser und nicht das hohe Churhaus Pfalz solte mit dem Speyerischen Neckarsteinacher Antheil, und zwar wie die eigentliche Worte lauten: Auf die Art, wie die Familie von Landschaden und von Metternich solche zu Lehen getragen, belehnet werden.

Dieser ist einer der deutlichsten Ausdrücken, und lasset sich, ohne der Deutlichkeit Zwang zu thun, in keinen anderen Verstand und Sinn biegen. Eine zerstöhrende Umwendung aber der Weesenheit des Vertrags würde es seyn, wenn man die darinnen bestimmte Be- lehnung auf einen anderen Vasallen erstrecken wolte, dessen der Revers nicht gedenket, dann die Pacta seynd einer engen und eingeschränkten Auslegung, sie können also über ihren ausdrücklichen Verfaß und Um- fang weder auf eine andere Sach, noch Person ausgedehnet werden: die Rechts-Satzungen hierüber sind kundbar.

Man kan an allem deme so minderen Zweifel nehmen, wenn man in ferneren Betracht ziehet, daß 1.) Ihro Churfürstliche Durchleucht zu Pfalz Art. 2. des Reverses, sich anheischig zu machen, beliebet, ihrem damahligen Herrn Staats- und Conferenz-Ministern Freyherrn von Wreden ihre von denen Metternichischen Erben erkaufte Neckarsteina-

cher

cher Allodia mit der Verwilligung zu überlaſſen, daß derſelbe ſolche an das Fürſtliche Hochſtift Speyer übertragen, und alsdann von dem Fürſtlichen Hochſtift mit- und neben dem Speyeriſchen Antheil der Herrſchaft hienwiederum zu Lehen empfangen möchte; Höchſtdieſelbe verſprachen weiters 2) Art. 5, bemelten Reverſes, dem Fürſtlichen Hochſtift den Beſitz von ſeinem Antheil an der Herrſchaft Neckarſteinach, welcher vorhin im Jahr 1754. mit bewafneter Hand ermächtiget worden, einzuräumen, und dieſe Oefnung des Beſitzes ſolte einige Zeit der Belehnung vorgehen. Allein, dieſe Churpfälziſche Verſprechungen, die doch nach dem Revers und der Natur der Sache ſelbſt vor der Freyherrlich von Wrediſchen Belehnung hätten zur Vollſtreckung kommen ſollen, blieben ohnerfüllt. Eine urplötzliche Zwiſchen-Begebenheit machte in der Sache eine ohnvermuthete Abänderung, die das ganze Vorhaben zernichtet.

Es kame nemlichen ermeldter Freyherr von Wreden zu eben ſelbigen Zeiten ganz geſchwind auſſer Churpfälzliſchen Dienſten.

Bey ſolchen des Churpfälziſchen Herrn Miniſters veränderten Umſtänden ware es Sr. Churfürſtlichen Durchlaucht nicht mehr gefällig, demſelben die erkaufte Metternichiſche Allodial-Gründen zu überlaſſen, mithin wurde die vorgängige Erfüllung dieſes Puncts jenſeits zuruckgezogen.

Die Einraumung des Beſitzes der Herrſchaft Neckarſteinach erfolgte eben ſo wenig, da man alles dieſſeitigen Bewerbens ohnangeſehen Churpfalz nicht bewegen konte, die in gewaltſamen Beſitz hinterhaltene Herrſchaft Neckarſteinach loszugeben, und ſolche ihren wahren Eigenthümeren, Grund- und Erbherren denen Fürſtlichen Hochſtifteren Worms und Speyer zur freyen ohnbehemmten Beſitz-Ergreifung zu überlaſſen, ſondern man wurde an Seiten deren Fürſtlichen Hochſtifteren vielmehr nothgedrungen, ſich durch das ſehr koſtſpielige Mittel einer Kayſerlichen Execution-Commiſſion den Weeg in die Herrſchaft zu bahnen, und ſolchermaſſen mit ſchweren Koſten in den Beſitz einzugehen.

Bey einem ſo ohnverſehenen geſchwinden Vorfall (wordurch das weeſentliche dieſer in einem bloſſen ohnverbindlichen Vorſatz geſtandener Belehnungs-Sache in dem Abgang der Perſon des Freyherrn von

Wreden ſowohl, als in der Beweg⸗Urſach, ſo Se. Churfürſtliche
Durchlaucht bey dem vorgehabten Uebertrag deren Metternichiſchen
Allodien geheget, eine zernichtende Abänderung erlitten) mußte noth⸗
wendig das ganze in einer noch bloſen Behandlung begriffen geweſene
Werk in ſeine Nichtigkeit zerfallen. Insbeſondere aber wurde dieſe
ganze Handlung und der darüber ausgefallene Revers durch die Chur⸗
pfälziſcher Seits in ohnbewürktem Stand erlaſſene Erfüllung Jhroſei⸗
tiger Verſprechen folgends durch den ſelbſt bethätigten Abſprung in
eine völlige Ohnverbindlichkeit bey Seiten des Fürſtlichen Hochſtifts
verſetzet, wann auch gleichwohl, wie es doch nach vorliegender Augen⸗
fälliger Wahrheit nicht iſt, der Revers für Churpfalz den vorgeblichen
günſtigen Begrif enthielte.

Zu da mehrer Beleuchtung dieſes Puncts will man mit kurzem die
Veranlaſſung der vorgehabten Belehnung auf Tit. Freyherrn von
Wreden und des darüber zum Vorſchein gekommenen Reverſes anhero
bemerken:

Als in dem Monat October 1754. der Fürſtlich⸗Speyeriſche Va-
ſall Wolfgang von Metternich zu Müllenark, der letzte dieſes Stamms
und Ramens verſtarbe, hierdurch mithin dem Fürſtlichen Hochſtift die
von ihme zu Mannlehen getragene mit dem Fürſtlichen Hochſtift Worms
in Gemeinſchaft ſtehende Herrſchaft Neckarſteinach eröfnet, und rück⸗
fällig worden, lieſſe ſich Churpfalz bedunken, durch den Ankauf deren
Metternichiſchen Allodial-Stücken in ſothaner Herrſchaft die Landes⸗
Hoheit an ſich gebracht zu haben.

In dieſem irrigen Begrif wurde benannte Herrſchaft mit gewalt⸗
thätiger Hand in Beſitz gezogen, die zu Ergreifung der rechtmäſigen
Poſſeſſion abgeordnete Fürſtlich⸗Worms⸗ und Speyeriſche Commiſſarii
abgetrieben, endlich die Unterthanen zu Ablegung der Huldigungs⸗
Pflicht an Churpfalz genöthiget, und obwohlen beyde Hochſtiftere
Worms und Speyer über ſolche ihre notoriſche Territorial- und Juris-
dictional-Befugſame ſamt allen davon abhangenden Rechten ganz über⸗
zeugende Beweiß und Vorſtellungen öffentlich darlegten, hierüber auch
nicht weniger bey dem Kayſerlichen Reichs⸗Hofrath ein Mandatum S.
C., hierauf eine Paritoriam, und endlich auch e⁝ Mandatum de exequendo

quendo an die ausschreibende Herren Fürsten des löblich- Fränkischen Creyses auswürkten, so bliebe doch Churpfalz in dem gewaltsamen Besitz ohnverruckten Fusses stehen.

Da aber das Obristrichterliche Verfahren dem Ziel der Vollstreckung näher zu tretten begunte, dachte man Churpfälzischer Seits auf Vor- kehrung solcher Mittlen, durch welche man sich aus diesem verdrüßli- chen Handel ziehen, und die Churpfälzische Thathandlungen vor denen Augen des Publici den Schein einer Rechtfertigung erlangen möchte.

Nun fande man jener Seiten die Belehnung des Churpfälzischen dazumaligen Herrn Staats- und Conferenz-Ministers Freyherrn von Wreden mit der Herrschaft Neckarsteinach für einen bequemen Mittel- Weeg, das vorgesteckte Ziel zu erreichen.

Die besondere Gnaden-Bezeugungen Sr. Churfürstlichen Durch- leucht gegen ermeldten ihren damahligen Herrn Staats- und Confe- renz-Minister in gefaßter Entschliessung des Uebertrags deren Metter- nichischen Allodien an denselben, und zugesicherten gutwilligen Einrau- mung der Herrschaft Neckarsteinach, begünstigten, und erleichterten das Werk dahin, daß hierüber die Ausstellung obenwehnten Reveres erfolgte.

Es wurden zwar auch hernach verschiedene Beredungen über die Art und Weiß der Besitz-Ergreiffung von Neckarsteinach, und Beleh- nung des Tit. Freyherrn von Wreden gepflogen, auch hierüber ver- schiedene Entwürfe über eine Vereinigung hin- und her- communiciret; allein, die unter denen Churpfälzischen Aufsätzen verborgen gelegene grosse Bedenklichkeiten, die durchaus die Landes-Hoheit von der Herr- schaft Neckarsteinach in glimpflichen Ausdrücken für Churpfalz beziele- ten, und die eben so bedenkliche Churpfälzische Vorschriften in Erhe- bung des Neckarsteinacher Besitzes behinderten die Vereinigung. Die Entfernung aber des bestimmt gewesenen Herrn Vasallen Freyherrn von Wreden von denen Churpfälzischen Diensten, wie auch der daraufge- folgte Churpfälzische Zuruckzug deren Metternichischen Allodien vereitelte, und zernichtete dieses in seiner Ohnvollkommenheit annoch gestandene ganze Werke, mithin ...ch den Revers ganz und gar.

Zum überflüßigen Beweiß, auf was schlechtem Grund die Churpfälzische irrige Ausdeutung des Neckarsteinacher Lehens an Churpfalz
N.6.bestehe, dienet der unter N. 6. anliegende hiehero ehemals communi-
cirte Churpfälzische Auffatz; man erblicket aus diesem die eigentliche
mit dem Revers genau übereinkommende Bestimmung des vorgehabten
Lehens, allermaſſen in solchem Se. Churfürstliche Durchleucht ganz be-
schrenkt von der Person des Freyherrn von Wreden sprechen, und sogar zur Beweg-Ursache des Ubertrags deren Metternichischen Allodien
die Dero hohen Chur-Haus von ermeldtem Freyherrn geleistet- und
ferners leistende ersprießliche Diensten anzuführen beliebet.

Hierdurch dann stellet sich eine offenbare Widersprechung desjenigen zu Tag, was in der Churpfälzischen kurzen Ausführung §. 5. ohn-
erfindlich vorgegeben wird; Ob hätte nemlich Tit. Freyherr von Wreden nur als ein einsweiliger Lehenträger in solang belehnet und einge-
setzet werden sollen, biß man dieser Seiten von dem Fürstlichen Hochstift Worms seinen Antheil erwonnen haben würde; dann von diesem
ausgesonnenen Vorbehalt findet sich weder in dem oft berührten Revers,
noch in vorangezogenem Auffatz, noch auch sonst irgendswo das mindeste angeführet; Der ohnvollkommene Revers redet von keinem eins-
weiligen Lehenträger, noch auch von so wunderlichen Concepten einer
vorgeblichen Erwerbung des Wormbsischen Antheils; man wußte diesseits nur allzugenau, daß der Wormbsische Antheil ohnveräusserlich,
forthin solchen zu erwinnen, alle Mühe vergeblich seye ; Man ließe
sich derowegen ein solches Unternehmen niemalen zu Sinnen kommen;
das Fürstliche Hochstift Worms wird hierüber ohnbefangene Zeugnuß
geben können.

Zu was aber hätten über all dieses solche Umschweiffungen dienen
sollen, und was hätte wohl Churpfalz bewegen können, die Metter-
nichische Allodien allererst an einen Interims-Lehenträger, mit der Weisung, zu übertragen, solche an das Fürstliche Hochstift Lehnbar zu
übergeben, und alsdann selbige, und also eben dasjenige von dem
Hochstift mit einem Lehen Nexu hinwieder zuruck zu empfangen, was
Churpfalz schon vorhin eigen ware.

Nicht minder vergeblich würde Fürstlich-Speyerischer Seiten solcher Umweeg gewesen seyn; angesehen dasselbe, wann der wahre Sinn

deren

deren Hohen Herren Paciscenten auf die Belehnung des Hohen Churhaus Pfalzes gezielet hätte, das Lehen ohnmittelbar, und ohne sich hierzu einer solchen umschweiflichen mittelbaren Beschrenkung auf einen Interims-Lehenträger zu bedienen, an Hochgemeldtes Churhaus abgegeben haben würde.

Hierzu hatte das Fürstliche Hochstift freye ungebundene Hände und Disposition; anerwogen die mit dem Fürstlichen Hochstift Worms beschlossene Vereinung anderes nichts, als die blose gemeinschaftliche Ausführung der Rechts-hängigen Streitsache über Neckarsteinach, betroffen.

Es ist und bleibt dahero eine ohntrügliche Wahrheit, daß man sich Fürstlich-Speyerischer Seits niemalen zu Sinnen kommen lassen, Neckarsteinach an die Churpfalz zum Lehen zu übertragen.

Die Schwürigkeiten, so Churpfalz zeithero in denen Lehens-Investituren über die alte ohnehin schon beträchtliche Speyerische, und Weissenburgische Lehen aufgeworfen, und unter deren Vorwand die Lehens-Empfängnussen schon lange Jahre in Rückstand gesetzet worden, so daß man auch hierüber abgenöthigte Klagden führen müssen, sind noch in allzufrischer Gedächtnuß; diese haben dem Fürstlichen Hochstift allen Muth benommen, noch mehrere Lehen an so mächtige Häuser zu begeben, und anduch die Fürstliche Lande bey heut zu Tage ohnehin fast gänzlich ermanglenden Acquisitions-Gelegenheiten zu schwächen.

In Betracht dieser triftigsten Ueberzeugungs-Gründen ist ohnbegreiflich, wie man Churfälzischer Seits aus dem ins Publicum gegebenen Revers (dessen weitere Entkräftigungs-Mängel und Gebrechen man noch zur Zeit übergehet und vorbehaltet) ein bedingtes Æquivalent, so in der Belehnung Neckarsteinach bestehen, und von dem Tractat seinen Abhang und Verbindlichkeit herleiten solle, erzwingen, und hierüber eine Befugnuß zur Ansprache erfolgeren möge. Daß aber

§. 22.
Zum Dritten.

Die von dem Kayserlichen Höchstpreißlichen Reichs-Hofrath in dieser Sache gefälte Obristrichterliche Erkanntnuß Juri in Thesi anstößig seyn solle, wird mit Bestand nicht erwiesen werden.

Die von dem Fürstlichen Hochstift ermelten Hohen Orts einge-
führte Klage hatte einen mit dem Hohen Churhaus Pfalz ausgetrage-
nen Tractat zum Gegenstand; Einen Vertrag, welcher mit beglaub-
tester Unterschrift und Siegel zur offenkündigen Zeugnuß der wahren
aufrichtigen Uebereinkommung beyder Hohen Herren Chur- und Fürsten bestärket ist, der weder an seinem weesentlichen, noch seinen äus-
serlichen Feyerlichkeiten den geringsten Mangel und Abgang hatte, und
dessen Verbindung nicht minder von beyden vereinigten Hohen Theilen
durch thätliche Vollstreckung verschiedener anderer Seiten anständig
befundener Vergleichs-Puncten und schriftliche Anweisungen beyderseitiger sämtlicher Dicasterien, Ober- und Aemteren, nach der Anlage
N. 7. N. 7., zu stracker desselben Belebung, in voller Maas anerkennet, auch von
Churpfälzischer Regierung sich in denen erlassenen Schreiben mehrmal
darauf bezogen worden.

Was aber diese Klage aufgewecket, solches ware die Churpfälzische
Zurucktrettung von dieser Vereinigung, die heftigste Widerhandlungen
derselben und die zu desto nachdrücklicher Unterstützung so ein als des
anderen zum Behuf genommene Thätligkeiten; Diese waren die aller-
dringlichste Ursachen der gerichtlichen Verfolgung; Die Tractaten aber
legten den Grund, worauf die Berechtigung zur Klage, und das rechtliche Ansinnen des klagenden hohen Theils beruhete, und woraus der
Entscheids-Punct, und Frage entsprungen: Ob der denen Tractaten wi-
derhandlende Theil zu vesthaltung seines feyerlichen Verspruchs nach
dem Begrif der Rechten zuruck gewiesen, und hierzu durch Obristrichterlichen Gewalt zu vermögen seye?

Suchet man nun die Beweg-Gründe, die den Höchstpreißlichen
Reichs-Hofrath veranlaßt haben, Churpfalz zu Erfüllung des abgeschlossenen Vertrags, mittelst eines Kayserlichen Rescripti, für schul-
dig und verbunden zu erklären: ferners die hierwider versetzte Churpfälzische Einrede durch ein Rescriptum Paritorium, als ohngegründet
und unstatthaft, zu erkennen: und endlich bey beharrlicher Ausseracht-
setzung der Obristrichterlichen Weisung ein Mandatum de exequendo
zu beschliessen.

So öfnen sich solche in der Pflicht jener Verbindlichkeit, welche
beyde Hohe Herren Chur- und Fürsten Kraft ofterwehnter Verglichs-

Urkunde,

Urkunde, und ihrer dadurch wahrgemachten Vereinigung über die darinnen begriffene Puncter und Artiklen freywillig auf sich genommen.

Und wie nun dieser Beweiß ganz Augen=fällig ist, und nicht dem
mindesten Widerspruch ausgesetzet seyn kan, man wolte dann die Hohe
Chur= und Fürstliche Unterschriften und Sigillen in Zweifel ziehen;
Also erfolgeret sich auch hierauffen die beyderseitige Rechts=bindige Oblie=
genheit in Vollziehung des abgeglichenen ganz ohnwidersprechlich: Eine
Folge, die in dem Natur= Völker= und bürgerlichen auch geist= und
weltlichen Rechten ihren ohnweichlichen Grund hat.

Die Wesenheit eines Vertrags schliesset zwar schon die Gewährleistung
über das Versprechen, worzu man sich anheischig machet, stillschwei=
gend in sich. In gegenwärtigem aber beliebte es beyden Hohen ver=
einigten Theilen, zu Bezeigung Ihrer ernstlichen und aufrichtiger Wil=
len, dem Beschluß des Verglichs=Briefs eine ausdrückliche Bestättigung
in verbindlichsten Ausdrücken beyzufügen. Sie befindet sich in fol=
genden Worten abgefasset:

„ Demnach gereden und versprechen Wir der Churfürst zu
„ Pfalz, und Wir der Bischof zu Speyer bey Unseren Chur= und
„ Fürstlichen Ehren, all= und jedes, so hievor beschrieben stehet,
„ seines durchgängigen Innhalts zur Erfüllung bringen, und voll=
„ strecken, dagegen niemal weder von Uns, noch durch die Unse=
„ rige mindest widriges handlen, oder geschehen, sondern darauf
„ steet, vest und ohnverbrüchig immer halten zu lassen ꝛc. ꝛc.

Siehe hierüber den Beyschluß Nr. 8.   N.8.

In näherer Betrachtung so beschaffener der Sache wahrhaften
Bewandsame wird man das gerichtliche Verfahren des Höchstpreißli=
chen Reichs=Hofrath nach denen Grundsätzen deren Rechten und Bil=
ligkeit abgemessen finden, und allenthalben die genaue Beobachtung ei,
ner stracken Rucksicht auf die Reichs = Gesätze, deren Vorschrift und
Ordnung bemerken, nichts wenigers aber hierunter als ein widerrecht=
liches Betgehen contra Jus in Thesi, oder eine unbillige Zudringung
gegen Ihro Churfürstliche Durchlaucht zu Pfalz, wie in der Churpfäl=
zischen kurzen Ausführung dem Höchstpreißlichen Kayserlichen Reichs=
Hofrath fast zugebürdet werden will, antreffen. Es kan dahero

F   §. 23.

§. 23.
Zum Vierten.

Weder das angezogene Kayserliche Commiſſions-Decret vom 6ten Septembris 1715., noch auch die in der Churpfälziſchen kurzen Ausführung §. 11. im 2ten Abſatz beruffene Stelle aus des Fabri Staats, Canzley 24ſten Theils pag. 773. dahier die geringſte Anwendung finden; Dann erſteres redet von ganz anderen Gattungen Beſchwerden; von ſolchen aber die aus einem gerichtlichen Verfahren erhoben werden, und welche am öfterſten auf put irrigen Begriffen, oder von ſelbſt eigener Sache eingenommenen Vorurtheilen geſtützet ſind, gedenket das belobte Kayſerliche Commiſſions-Decret zum Behuf der jenſeitigen Abſicht nicht des minbeſten; Im Gegentheil verwirft daſſelbe ausdrücklich die Anmaſſung deren Recurſen ad Comitia in Privat- Juſtiz- und Parthey-Sachen deren Reichsſtänden, wovon hierunten an behöriger Stelle das weitere abgehandlet werden wird.   Weme inzwiſchen beliebet, erwehntes Kayſerliches Commiſſions-Decret nachzuleſen, der wird hiervon die überzeugende Wahrheit finden.

Eben ſo auch ſtehen die in des angezogenen Fabri Staats-Canzley beygeführte Fälle mit gegenwärtiger Sache in gar keiner Aehnlichkeit; Solche mögen alſo auch dahier zu keinem Beyſpiel dienen; Gleich dann auch die Kayſerliche Wahl-Capitulationen Reichs-kündiger maſſen von allem deme weit entfernet ſind, was ein Reichs-Satzungs-widriger Verzug und Hemmung deren bey denen Hohen Reichs-Gerichten nach Anleithung deren Geſätzen beſchloſſenen Erkanntnuſſen, folglich eine bedenkliche Stöhrung der GOtt gefälligen Juſtiz, gleich in gegenwärtiger Sache geſchehen, nach ſich ziehen kan.

Eine ſolche leidige Zerrüttung aber würde eine ohnfehlbare Folge ſeyn, wenn nach jenſeitigen Behaupten die Ohnbefolgung deren Richterlichen Ausſprüchen, die zumalen auf feyerliche Tractaten ſich begründen, in denen Kayſerlichen Wahl-Capitulationen Beyfall und Begnehmigung finden ſolte.   Wie ſich aber

§. 24.
Zum Fünften

Dieſe zwiſchen Churpfalz und dem Hochſtift Speyer obſchwebende Privat-Klagden und Proceß-Sachen in ein allgemeines Gramen verbreiten

breiten könne, ist nicht zu ergründen; Solche Special-Fälle nehmen ihren Richterlichen Austrag von denen besonderen Umständen, auf welche sie beruhen. Auf diese muß das ohnpartheyische Richter-Aug ohnverrückt sehen, und die Entscheidungs-Gründe leithen von solchen ihre ledigliche Abmase. Diese aber, gleichwie sie auf die besondere Bewandsame eines jeden in Frag stehenden Falls beschrenket sind, also können sie auch keine ausdehnliche Würkung auf andere Sachen und Personen, weniger aber in die Gerechtsame aller Reichs-Glieder insgesamt haben; Dann dem gesamten Reich, und einem jeden Reichs-Glied insbesondere kan ganz gleichgültig seyn, ob eine zwischen einzeln Reichsständen errichtete Vergleichung über ihre Privat-Strittigkeiten durch einen Richterlichen rechtmäsigen Entscheid in ihrer Gültigkeit bestättiget, oder für ohngültig erkläret werde. Keines von beyden hat in das allgemeine Interesse des gesamten Reichs einen Einfluß, verfolglich kan auch hieraussen keine allgemeine Beschwerde erwachsen.

So wenig nun aus dieser Sache ein Gravamen commune Statuum entstehen kan, eben so wenig mag jenes Eingang finden, daß gegenwärtige Klag-Sache in Ansehung des genommenen Recursûs in eine so lange Dauer verzogen werden müsse, biß die von dem gesamten Hohen Churfürstlichen Collegio in älteren und neuesten Zeiten vorgestelte Klagden erledigt, die Capitulations-mäsige Visitation vollzogen, und die ganze Verfassung des Kayserlichen Reichs-Hofräthlichen Gerichts in die Gesätz-mäsige Schranken gerichtet seyn würden.

Die Erthätigung all-solcher Capitulations-förmiger Fürsätzen stehet noch zur Zeit in einer kaum sichtbarlichen Ferne; Wann also die zwischen Reichsständen sich erhebende Stritt- und Irrungen in solang in ohnberichtigtem Stand verbleiben, und die ergangene Richterliche Entscheide durch Recursen ausser aller Würksamkeit gesetzet, und belassen werden solten, biß dahin Kayserliche Majestät und das Reich sich über eine neue Verfassung eines allgemeinen Schlusses vereinigen, und solcher in seine Vollstreckung kommen möchte; In was Verwirr- und Zerrüttung würde nicht hierdurch das System der Reichs-Justiz verfallen? und würde nicht dieses die Würklichkeit eines Justitii in dem Reich nach sich ziehen? Erwünschte Gelegenheiten dörfte es jenen abgeben, die von dem Vorurtheil ihrer eigenen Sachen, oder von einer erscheinenden Convenienz für ihren Staat und anderen Absichten einge-

eingenommen, solche viel lieber durch ihre Selbstmacht und Hülfe geltend zu machen, als der geheiligten Justiz zum gerechten ohnparthey-
ischen Außspruch anheim zu laſſen bedacht ſind.

Würde aber dieſes nicht eine neue Oefnung zu freyer Außübung
abſichtlicher Gewaltthaten gegen minbermächtige Reichsſtände machen,
und würden nicht alsdann dieſe bey dem Stillſtand der Juſtiz unter
denen ſchwereſten Bedruckungen vergeblich nach der gehemmten Juſtiz-
Hülfe ſeufzen? und wie ſolte bey einem ſolchen Unweſen in dem Reich
Ruhe und Frieden aufrecht ſtehen können?

§. 25.

Zum Sechſten

Findet zwar die jenſeits angeführte gerichtliche und in einem Pro-
ceſſu ordinario beſtehende Verfahrens-Art in Cauſis ſimplicis querelæ
und petitoriſchen Klagden ihre ſtatt; allein, in denen zu einem Man-
dats- und dem bey Kayſerlichen Reichs-Hofrath üblichen Reſcript-Pro-
ceſs geeigneten Klagden, worunter gegenwärtige gehöret, wird in Ge-
mäßheit deren Reichs-Saßungen ganz wohl und Recht à Præcepto angefangen und verfahren.

Der Vertrag, worüber bey dem Kayſerlichen preißwürdigſten
Reichs-Hofrath dieſer Seiten Juſtiz angerufen worden, iſt ſeines Inhalts ganz klar und deutlich, anbey mit Handſchriften und Sigillen deren hohen Herren Paciſcenten zum ohntrüglichen Zeichen ihrer beyderſeitigen Zufriedenheit und freywilliger Verbindnuß zu Erfüllung des
Verglichenen verwahret.

Gegen all- diſes und den ganzen Verſaß des Tractats wurde von
Churpfälziſcher Seiten keine Außſtellung, noch ſonſt erheblicher Einwand gemacht; nur wolte man dem Fürſtlichen Hochſtift die Erfüllung
eines vorgeſchüßten Verſprechens zubürden, deſſen Ohnerfindlichkeit
ſich aus dem Vertrag ſelbſten erſten Anblicks veroffenbaret, und welches gleichwohl Churpfalz zum Vorwand und Entſchuldigungs-Mittel
bey Außübung deren theils mit Bedrohung, theils mit Thätlichkeiten
geſchärften Widerhandlungen des Tractats dienen mußte.

Bey

/ Bey so beschaffener Klarheit und Begründung der Sache an einer-
und dann dem augenfälligen Unfug und ohnrechtfertigenden Thathan-
lungen an der anderen Seiten, wäre die Klagde zu keiner ordentlichen
Proceſs-Weiterung geartet, ſondern erforderte eine ſummariſche Man-
dat- oder Reſcript-förmige Juſtiz-Verfügung, in fernerem Bedenken,
daß die hauptſächlichſte Puncten des Vergleichs ſchon vorhin bey dem
Kayſerlichen Reichs-Hofrath zur abgenöthigten Klagde gebracht, und
allda durch ergangene Paritorie-Urthel allbereits entſchieden waren,
wovon aber Churpfalz die Vollſtreckung der Hülfe durch verſchiedene
ſchriftliche ſub Nris 9. 10. 11. & 12. beyliegende Anzeigen von einer N. 9.
unter handen ſeyender gütlichen Behandlung ruckſtellig zu machen, ge- 10.
trachtet, forthin dahier jenes ſeine Anwendung finden muß, was der 11.
jenſeits allegirte Freyherr von Cramer in ſeinen Wetzlariſchen Neben- &12.
ſtunden P. 16. pag. 29. ferners P. 4. §. 2. pag. 96. de Connexitate &
continentiâ Cauſæ in ſummo tribunali Judicatæ, und der hierauſſen
begründenden Reichs-gerichtlichen Jurisdiction anführet. Die zu ver-
meintlicher Auflegung eines Præjudizes angeführte- und von dem Kayſerlichen Reichs-Cammer-Gericht im Jahr 1758. ad Auſträgas ver-
wieſene Rechts-Sache Herrn Dechants und Capituls zu Speyer,
entgegen den Herrn Marggrafen zu Baaden-Durlach mag mit gegenwärtigem ganz anderſt bewandten Fall in keine Vergleichung kommen.

Die Unterſchiedenheit beyder Strittſachen fallet aus eben angezogenen Crameriſchen Nebenſtunden, im 16ten Theil 1ſten Stuck in die
Augen; In jener wird die Transaction ex Capite nullitatis angefochten; Zu Begründung derſelben werden die Fragen aufgeworfen, ob ein
Fidei-Commiſſarius durch Vergleiche Fidei commiſſariſche Dinge ver-
äuſſeren könne? Ferners ob ein Succeſſor die Pacta ſeines Antecceſſo-
ris zu halten verbunden ſeye?

Fragen, ſo in das Petitorium einſchlagen, und deren Entſcheidung
einer näheren Nachforſchung und tieferen Richterlichen Einſicht nothwendig ausgeſetzt, und alſo nach denen in angezogenen Crameriſchen
Nebenſtunden loc. cit. angeführten triftigſten Rechts-Gründen dem
Vorgang eines ordentlichen Proceſſes und folglich der Auſträgal-In-
ſtanz anheim gewieſen werden müſſen.

G · In

In unferem Fall hingegen wird der Vertrag in feiner Gült= und Rechtsbindigkeit nicht beftritten; Man erkannte Churpfälzifcher Seits denfelben vielmehr in folcher feiner ohntadelhaften Eigenfchaft, und be= ftättigte ihn annoch gerichtlich durch die bey dem Kayferlichen Reichs= Hofrath eingebrachte Exceptiones; Dann eben, da man von dem Fürft= lichen Hochftift die Erfüllung eines von diefem Tractat herleitenden Be= dings erforderet, fetzet man einen Rechts=bindigen Vertrag zum Vor= aus, anerwogen aus einer wichtigen Convention ohne offenbare Wi= derfprechung keine Bedings=Leiftung gefordert werden mag.

Es lage alfo dahier dem hohen Richter eine zu beyderfeiten für gült= und bindig anerkante Vergleichung vor; Der Einwand dargegen ward durch die Vertrags=Urkunde felbft in die Blöfe ihrer Nichtigkeit geftellet, da fchon obenberührter maffen weder diefe Urkunde, noch die über das Verglichs=Gefchäft verhandelte Schriften, noch auch der von anderer Seiten zum Beweiß aufgeführte Revers hiervon das minbefte enthalten.

Dem Fürftlichen Hochftift wurde foweiters durch die von Chur= pfalz an famtliche Dero Dicafterien, Ober= und Aemtere Innhalts hier= obiger Anlage N. 7. erlaffene Anweifungen, dem Tractat in allem ftra= ckeft zu geleben, nicht weniger durch vorgegangene Commiffarifche Voll= ftreckung verfchiedener Vertrags=Artiklen der würkliche Befitz von al= lem deme eingeraumet, was der Tractat berichtiget; In diefem feinem erlangten Befitz aber ward das Hochftift einige Zeit nachher durch die gewaltthätige Contraventiones geftöhret, daffelbe mithin hierdurch zur Klage und Befchwehrführung bey dem Kayferlichen Reichs=Hofrath mit Gewalt gezogen.

Was nun die Reichs=Satzungen in fogeftalteten Befitz=Stöhrungen für ein gerichtliches Verfahren und Hülfs=Mittel vorfchreiben, ift eine Reichs=kündige Sache, und bedarf keiner weiteren Anführung; So viel aber ift auffer allem Zweifel, daß in beregten Fällen der Man= dat= oder Refcript-Procefs das eigentlich verordnete Rechts=Mittel feye, deffen fich die auf folche Weiß gekränkte Reichs=Stände zu ihrer Rettung zu bedienen haben. Mit welcher Reichs=gefätzlichen Vorfchrift dann das Richterliche Verfahren in diefer Sache vollkommen überein= ftimmet, und mag alfo der dargegen gemachte Einwand keine ftatt finden.

Aus

Aus solcher vorausgesetzten wahren Eigenschaft dieser Klagsache erbricht sich

§. 26.

Zum Siebenden

Die Begründung der Reichs-Hofräthlichen Gerichtbarkeit nur allzu klar, dann die zwischen Reichsständen sich erhebende Klagden, deren Grundsatz auf klare ohnwidersprechliche von beyden Theilen anerkennende Brief und Siegel beruhen, und deren Beschwerden, Widerhandlungen gegen feyerlich und aufrichtig geschlossene Tractaten, und gewaltsame Besitzstöhrungen zum Gegenstand haben, nehmen nach deutlichstem Besag deren Reichs-Gerichts-Ordnungen und Gesätzen ihren angewiesenen Gerichtsstand bey denen hierzu aufgestelten Höchsten Reichsgerichten. In dem Gericht der Austrægen finden solche aus bekanntester Ursache keine statt, weilen in denen Klagen von solcher Gattung die Gesätze summarisch- und executivische Verfahren ordnen; Dem Austrægal-Gericht aber die Befugsame der Vollstreckung der Hülfe kundbarer massen nicht zukommt.

Sonsten muß die dahier aufgeruffene Kayserliche Wahl-Capitulation in ihrem wahren Verstand genommen und angewendet werden. Auf gegenwärtigen zu denen Austrägen ohngeeigneten Fall lasset sich keine widrige Ausdeutung erstrecken.

Es ist solchemnach die Beschwehrführung über den vorgeblichen Verlust der Austrægal-Instanz ganz ohne Grund, und wird durch die klare und deutliche Vorschriften deren Reichs-Ordnungen gründlich erschöpfet.

Der jenseits bey dem 6ten Beschwehr-Punct angezogene Freyherr von Cramer behauptet selbst in seinen Nebenstunden im 16ten Theil I. Stück pag. 26. & 27. die Reichsgerichtliche Jurisdiction über solche Verträge, deren Gültigkeit keinem Widerspruch unterworfen ist. Er führet zu Bestärkung solchen Satzes eine Stelle aus des berühmten Ludolphs Observationen an, sie lautet also:

Quodsi pactum præcesserit, quod altera Pars contrario præcepto violare voluerit, poterit in eo fundamento fundari Jurisdictio Cameræ tariquam ex facto, cui Jus resistit.

Durch welch letztere Worte eine Transactio citrà controversiam Valida, von welcher Beschaffenheit unser Vertrag ist, verstanden wird.

So überzeugend nun der ohnstatthafte jenseitige Versuch in Anwendung deren Ordinations-Austrägen auf gegenwärtigen Klagfall aus vorgelegten wahren Verhalt der Sache, und daraufgesetzten Rechts-Gründen sich erheiteret, so fremd und seltsam müssen

§. 27.

Zum Achten

Die aus dem Staub des Alterthums hervorgesuchte Conventional-Austrägen dieser Seiten vorkommen; Dann auch diese finden ihre gründliche Abfertigung allschon in jenem, so über die zum vermeintlichen Vorstand beruffene Ordinations-Austräge angeführet worden.

Will man aber dieser veralteten Sache des näheren denken, und dem Ursprung, dem Grund, und Verhältniß derselben weiter nachforschen, so werden sich davon ganz andere von der Churpfälzischen Absicht weit entfernte Begriffe entdecken.

Dieses uralte schon längst zerrüttete Conventions-Gebäu wurde in denen alten heftigsten Befähdungs-Zeiten aufgeführet. Gewalthaten und Kriegs-Zwang legten hierzu den Grund, und das Absehen auf den gänzlichen Umsturz des Hochstifts ware die Triebfeder dieses ganzen Werks.

Ein in denen Jahren 1460. und 61. zwischen denen Herren Grafen Diether von Isenburg und Adolph von Nassau über die Erzbischöfliche Würde zu Maynz entstandener heftigste Streit, und der hierüber ausgebrochene leidige sehr blutige Krieg waren die unglückseelige Quellen, aus welchen nebst vielen anderen auch dem Fürstlichen Hochstift Speyer die schwereste Trangsalen, als Rauben, Plündern, Sengen, Brennen und dergleichen ohnzehlige Land- und Leut-Verderbnussen zugeflossen.

Aus denen Geschichts-Büchern ist von dieser alten Begebenheit unter anderen auch dieses schon vorhin bekant, daß dazumaliger Churfürst und Pfalzgraf Friederich anfänglich den Grafen Adolph von Nassau, nachhero aber den Grafen Diether von Isenburg, in Kraft einer

mit

mit demselben getroffener Bündnuß mit aller Macht vertheidigte, deme entgegen Herr Ulrich Herzog von Würtemberg, Herr Marggraf Carl von Baden, Herr Bischof Georg von Mez und mehr andere die Par: they des Herrn Grafen von Naussau hielten, worzu sie von dem Rö= mischen Stuhl sowohl, als dem Kayser Friederich), welche beyde dem Grafen Adolph von Nassau den Erzbischöflichen Stuhl zugedacht hat= ten, angemahnet wurden.

Nun versetzte die natürliche Lage des Hochstifts zwischen zweyen kriegenden so mächtigen Nachbarn den damaligen Regenten des Hoch= stifts Herrn Bischoffen Johannes in die äusserste Verlegenheit; Diese vermehrte sich dadurch noch so merklicher, als besagter Herr Bischof unter Bedrohung des geistlichen Banns und Verlust der Kayserlichen Reichs=Lehen von beyden Höchsten Häupteren zur Parthey des Herrn Grafen von Nassau angewiesen ware. Immassen eben dieses dem Fürstlichen Hochstift die betrübteste Folge beygezogen, dann, da Bi= schof Johannes dem Churpfälzischen Gegentheil den ohnehin zu behin= deten ohnmächtigen Durchmarsch und Aufenthalt in seinen Landen ge= statten mußte, brachte dieses den Churfürsten Friderich dermassen auf, daß derselbe nach einem über seinen Gegentheil erfochtenen voll= kommenen Sieg die Fürstliche Lande mit seiner Kriegsmacht überzogen, und denenselben mit äusserster Feindseeligkeit so heftig und in solang zu= gesetzet, bis endlichen durch Vermittlung des Herrn Bischofen Rhein= hards von Worms, und Herrn Landgrafen Hesse zu Leiningen eine Versöhnung ausgebracht, und nach solcher der mit Churpfälzischen Be= fähdungen noch völlig umbwunden gewesene Herr Bischof Johannes zu Ausstellung des in der Churpfälzischen kurzen Ausführung unter N. 2. angezogenen Reverses gezwenget wurde.

Ohnschwehr ist zu denken, mit welcher Freymüthigkeit dieses so wichtige= auf Macht und Zwang gestützte Werk von Seiten des Herrn Bischoffen Johannes behandelt worden seyn müsse.

Ist aber dieses nicht ein Gebrechen, welches in menschlichen Hand= lungen alle Gült= und Verbindlichkeit hemmet, und welches die natür= liche Billigkeit und alle Rechte verabscheuen. Man lasset hierüber ohn= partheyische Gemüther urtheilen. Genug, daß diese nothgebrungene Hand=

H   lung

lung in keine Erfüllung gegangen, oder wenigstens durch eine beyder=
seitige schon vor vielen hundert Jahren erfolgte freywillige Abweichung
von derselben hinwider gänzlich entkräftet und zernichtet worden. Dann
den Churpfälzischen hieraus erschöpfen wollenden Schutz und Schirm
mit wenigem zu berühren, so hat das unglückliche Hochstift in nachge=
folgten Zeiten hiervon, leider! die allerwidrigste und kläglichste Erfahr=
nussen, da dasselbe statt einer Beschirmung sich über zugefügte merk=
liche Schwächungen an Land und Leuthen, hohen und niederen Ge=
rechtsamen, Renthen und Gefällen beschwehren muß. Dann die
schwehre Befähdungen hatten nach wie vor, ihren ohngehemmten Lauf,
so oft sich nur hierzu eine Gelegenheit öfnete.

N.
13.
Die Anlage N. 13. bezeuget in mehrerem, auf was feindliche Art
die Fürstlich = Speyerische Landen in denen Jahren 1666. mit dem
Churpfälzischen Kriegs=Heer abermal überfallen, das Städtlein Kirr=
weiler eingenommen, darinnen die verderblichste Feindseeligkeiten verü=
bet, auch sonst anderer Orten ganze Heerden Viehe entführet, Orte
ausgeplünderet, und dadurch Land und Leuthen der empfindlichste
Schaden versetzet worden, so daß, wann nicht der damalige Herzog
von Lotharingen dem Hochstift mit seiner Kriegs=Macht Beystand ge=
leistet, auch die Cronen Frankreich und Schweden sich ins Mittel ge=
schlagen, und durch das bekante Laudum Heilbronnense diesem Un=
weesen ein End gemacht hätten, das Fürstliche Hochstift ohnfehlbar in
den innersten Abgrund seines Verderbens gestürzet worden seyn würde.

Man will mit Erzehlung fernerer solcher Schutz= und Schirms=wi=
driger zahlreicher Befähdungen gegenwärtige Blätter nicht anfüllen,
weilen die Schutz= und Schirms=Sache in gegenwärtige nicht einschla=
get, sondern solche auf seine Behörde vorbehalten, und sich blos auf
die vom Jahr 1709. biß zum letzteren Vertrag angehäufte= in der obi=
gen Anlage N. 1. bemerkte Beschwerde, woraus dem Fürstlichen Hoch=
stift ein beträchtlicher Schade von mehr dann 324763. fl. zugewach=
sen, mit Einschluß des ad §. 7. hieroben angemerkten noch erst im Jahr
1753. beschehenen feindseelig= und Fried=stöhrenden Einfalls in diesseitige
Lande bewerfen, und solche als offentliche Zeugen reden, auch jedermann
hierüber ohnpartheyisch denken lassen, ob nicht all dieses äusserste Wi=
derhandlungen einer Schutz= und Schirms=Vereinung, und wahrhafte

Absprünge

Abſprünge davon ſeyen, worburch das Band einer dieſſeitigen Verbindlichkeit, wann auch jemalen eine ſolche beſtanden wäre, gänzlich
zerriſſen worden, dann ſchützen und ſchirmen, und zugleich bedrucken
und bekriegen können, als Handlungen von ganz widriger- und einander entgegenlauffender Natur, nicht beyſammen ſtehen ; Eines muß
das andere nothwendig zerſtöhren, wie dann auch derohalben ein der
Natur des Schutz und Schirms ſo ſtreng widerhandlender Theil ſich
nothfolglich des Schirms-Recht verluſtiget machet, nach jener der
natürlichen Billig- und Gerechtigkeit ganz gemäſſer allgemeiner Rechts-
Lehre:

Protector, quando Jure protectionis abutitur, in clientes ſævit,
pro defenſione opprimit, pro patrocinio oppugnat, gravat,
premit, res & privilegia clientum violat &c. Jure protectionis privatur.

Dann weme würde wohl zuzumuthen ſeyn, ſich einem ſolchen Schutz
anzuvertrauen, von welchem die Erfahrnuß nichts dann Uebergriffe,
Gefahr, und Verluſt aufweiſen kann.

Man übergehet endlichen auch, nebſt mehr anderen den jenſeitigen
ohnplatzgreiflichen Anſpruch einer Schirms-Gerechtigkeit zernichtenden
Vorgängen, jene öffentliche von Herrn Biſchoffen Eberhardo vor No-
tario und Zeugen im Jahr 1588. beſchehene feyerlichſte Abſagung und
Aufkündigung dieſes zwar ſchon vorhin aus vielfältigen triftigſten Urſachen zu völligen Abgang gerathen geweſenen Schutz und Schirms,
wobey man ſich auch Churpfälziſcher Seits lediglich beruhiget, und ſich
in einem Zeitverlauf von mehr dann ſchon 200. Jahren nicht mehr beygehen laſſen, an das Fürſtliche Hochſtift eine Schutz- und Schirms-Gerechtigkeit, welche das Fürſtliche Hochſtift lediglich von Jhro Kayſerlichen Majeſtät und dem Reich erkennet, und verehret, aufzuwecken.

Das bey dem Kayſerlichen Reichs-Hofrath hierüber bereits aus-
gezogene Mandatum de non ſibi arrogando advocatiam in Epiſcopatum
Spirenſem &c. iſt eine wahre Beſtättigung der Nichtigkeit des anmaß-
lichen Schirms, worauf man ſich bewirft, und in fernerem Erforde-
rungs-Fall weitere Ueberzeugungen darzulegen nicht entſtehen wird.

Aus eben dieſen Gründen erhebet der Churpfälziſche Antrag auf
die Conventional-Auſträgen ſeine gleichmäſige Nichtigkeit.

Es

Es sind nun allbereits über 300. Jahre von Zeit des alten Reverses verstrichen. Von diesem ganzen Zeit = Verfluß wird Chur=
pfalz nicht einen einzigen Fall hervorbringen können, worinnen die vor=
schützende Conventional = Auſträgen in Uebung gekommen wären, da
es jedoch an jenseitigen Forderungen und Ansprachen, worüber das
Fürſtliche Hochſtift von einer Zeit zur anderen angefochten worden,
und eben ſo auch an Churpfälziſchen Widerſprüchen gegen dieſſeitige
Besitzthumen niemalen gefehlet, ſondern ſolche von jener alten Zeit her
wohl zu hundert weiß gezehlet werden können.

Man dachte jener Seits niemalen an einen Conventional-Austrag
ſolcher Forderungen; gegentheils ſuchte man von älteren und jüngeren
Zeiten her die Churpfälziſche An= und Widerſprüche ohne einige Ruckſicht
auf ihren Fug= oder Unfug, oder auch auf jene alte Conventions=Aus=
träge mit nachdrücklichſten Gewaltthaten durchzuſetzen: hierdurch mit=
hin das bedruckte Hochſtift jedesmal zu nöthigen, bey einem deren Höchſten
Reichs=Gerichts=Stellen Recht und Hülfe zu ſuchen, und ſich gegen die
Churpfälziſche Zudringlichkeiten mit Mandatis, Citationibus, Parito-
riis und dergleichen Rechts=Mitteln zu verwahren. Der jüngſtere
Tractat allein befäſſet 16. ſolcher abgenöthigter Proceſſen, die das
Hochſtift zu Rett= und Aufrechthaltung ſeines angefochtenen Eigenthums
mit ſchwereſten Köſten und Schaden ergreiffen müſſen.

Bey keinem derenſelben ließe ſich Churpfalz einfallen, den dermal
aus denen alten Zeiten hervorgezogenen und von einem gegen ſeinen Bi=
ſchoffen und Landsherrn eidbrüchigen Mann veranlaßten Einwand der
Conventional-Auſträgen in Vorſchein zu bringen;

Dann ſo oft= und vielmal auch von Seiten Churpfalz denen dieſ=
ſeitigen Klagden eine Exceptio fori declinatoria entgegen geſtellet wurde,
gienge ſolches jedesmal auf die Ordinations=Auſträge;

An Conventional-Auſträgen aber wurde niemalen gedacht, weni=
ger davon ein Wort erwehnet.

Noch in der jüngſteren famoſen Stritſache des Hochſtifts contra
Churpfalz, in betref der Herrſchaft Neckarſteinach ließe ſich Churpfalz,
welches doch der anſprechende Theil ware, nichts wenigers beyfallen,
als ſeine vermeyntliche Forderung an Neckarſteinach in den Weeg der
Conventional-Auſträgen eintretten zu laſſen; Sondern Gewalt und
Waffen

Waffen mußten, wie in allen dergleichen Ansprüchen, gegen die Natur einer solchen Convention jenseits die Gerichtsstelle vertretten, und da es auch dieser Seiten zum Beschwehrführen bey dem Kayserlichen Reichs-Hofrath kame, trachtete man zwar jener Seits die Ordinations-Austräge mit aller Heftigkeit geltend zu machen, allein, von Conventional-Austrägen ware ein höchstes Stillschweigen, und man findet in der Churpfälzischen Exceptional-Verhandlung hiervon kein Wort gemeldtet.

Eine weitere überzeugende Bestättigung von dem nichtigen Gewerk deren vorschützenden Conventional-Austrägen eröfnet sich aus dem zwischen Churpfalz und dem Fürstlichen Hochstift im Jahr 1709. abgeschlossenen Tractat; In diesem, wie die Anlage sub Nr. 14. belehret, sicherten beyde hohe Theile einander eine mutuelle Beförderung der Ehr, Nutzen und Frommen beyderseitiger Land und Leuten zu; in dem Fall künftiger Irrungen aber, und bey vorgängig vergeblich versuchter Güte soll ein jeder Theil sich des in dem Heiligen Röm. Reich verordneten Rechtens und ordentlichen Gerichts begnügen, und den anderen immittelst biß zu Austrag der Sache in seiner hergebrachten Possession ruhig lassen; es erkennen also auch diese Tractaten keine gewillkührte Austrägen, sondern verweisen die künftige Irrungen zwischen Churpfalz, und dem Hochstift an die ordentliche Gerichtsstellen des Heiligen Römischen Reichs.

N. 14.

Was also von 300. Jahren her noch zu keiner Würkung gediehen, und was Churpfalz selbst bey sich indessen ereigneten vielfältigen Gelegenheiten nicht anerkennet, und zur Uebung gebracht, vielmehr durch widrige Thathandlungen mißkennet, verletzet, und verworfen hat, kan anjetzo erst gegen das Fürstliche Hochstift zu desselben Beschwehrung, da man sich auf diesem umschweiflichen Nebenweeg eben keiner solchen geschwinden und nachdrücklichen Justiz-Hülfe, als bey denen höchsten Reichs-Gerichteren, versehen mag, mit Würksamkeit nicht auftretten.

Man lasset dahero diese durch eine vielhundertjährige beyderseitige werkthätige Abweichung ganz und gar entkräftete Austräge auf ihrem Unwerth und Nichtigkeit lediglich ersitzen. Ist aber

C   §. 28.

§. 28.

Zum Neunten.

Nach bißhero vorgelegten klaren Ueberzeugungs-Gründen diese Sache ihrer Eigenschaft nach nicht zur Inſtanz der Ordinations-Austrägen geeignet, und finden anbey die vorgeschützte gewillführte Austräge dahier keinen Raum, so folget, daß diese Strittsache keiner anderen, als dem Obriſt-Reichs-Richterlichen Ermeſſen unterwürfig gewesen.

Iſt aber dieses, so siehet man nicht, wie aus einer solchen ganz particularen und in ihrem behörigen ordentlichen Gerichtsſtand gesätzmäßig und rechtlich ausgetragener Sache auf Churfürſten, Fürſten und Stände des Reichs unter dem Vorwand einer ohnſtatthaften Auſtræ-gal-Inſtanz ein allgemeiner Nachtheil und Empfindung abflieſen, und schließlich hierüber ein Recurſus ad Comitia sich begründen könne.

Der Hauptsache selbſt wird man Churpfälziſcher Seits wohl schwerlich eine Eigenschaft beylegen wollen, welche in die allgemeine Reichs-Angelegenheiten einen Einfluß haben solte; Dann diese iſt an und in sich selbſt nichts anderes, als ein Privat- Parthey- und Rechts-Handel, welcher nach der Reichs-gerichtlichen Verfaſſung bey keinem anderen Richter, als denen zu Verwaltung der Juſtiz vom Kayser und dem Reich aufgeſtellten beyden höchſten Gerichten seine rechtliche Abhelfe erhalten muß; Ad Comitia Imperii aber, als ein dahin nicht gehöriges Objectum, keineswegs gezogen werden kann.

Will man aber durch die Vorkehr der Auſtrægal-Inſtanz, und die von dem Kayserlichen Reichs-Hofrath allschon erfolgte Beſtimmung derselben Ohnzuläßigkeit den genommenen Recurs rechtfertigen, so ſtehet solcher auch in diesem Betracht von aller Begründung bloß, wohlerwogen hieroben bey dem siebenden Articul allschon überzeugend dargethan worden, wie ohngründlich die Beruffung auf das Auſtrægal. Gericht der Sache beschaffenen Umſtänden nach, seye.

§. 29.

Dann denen Höchſten Reichs-Gerichteren iſt von Kayserlicher Majeſtät und dem Reich die Ausübung der Gerichtbarkeit in Reichsſtändischen Rechtshändeln übertragen.

C. O. C. p. 1. t. 3. pr.

Sie

Sie sind also die Höchste Reichs-Gerichte, von deren rechtlichen Aus-
sprüchen keine Appellation und keine Beruffung an einen höheren Richter Platz greiffet.

C. O. C. p. 2. t. 61.

Vielmehr muß ihrer Verwaltung der Gerechtigkeit und Vollstreckung
ihrer Richterlichen Erkanntnussen ohne einige Aufzüglichkeit stracker
ohngehemmter Lauf gelassen werden.

C. O. C. p. 2. t. 37.

Ihr gerichtliches Verfahren hat die stärkste Vermuthung eines Gesätz-
mäsigen Verhaltens, und so auch ein streitender Theil ab ihren Ent-
scheiden Beschwehrnuß empfinden will; So kan solche in keine andere
Weege, als durch die in denen Reichs-Conſtitutionen, und Ordnungen
zugelassenen Rechts-Mitteln geschehen, welche bey dem Kayserlichen
Reichs-Hofrath in Verfolg des Westphälischen Friedens Art. 5. §. 55.
in dem Remedio ſupplicationis, als einem Surrogato der Reviſion,
bestehet.

§. 30.

Dieses alles hat seinen ohnlaugbaren Grund in denen Reichs-Satzungen, und sonderheitlich in dem jüngsteren Reichs-Abschied §. 165.
allwo es ausdrücklich heiſſet:

„ Da sich jemand ab des Cammer-Gerichts Decreten und Ur-
„ theilen (welches eben wohl von dem Kayserlichen Reichs-Hofrath
„ zu verstehen) zu beschweren vermeinet, solches an andere Orte,
„ als wo sichs nach Innhalt der Reichs-Sa[t]zungen und Ordnun-
„ gen gebühret, zu ziehen und anzubringen, sich gänzlich enthalten.

Solches wird durch den Beytritt der Kayserlichen Wahl-Capitulation Franciſci Art. 16. §. 6. bestättiget, in folgenden Ausdrücken:

„ Was auch einmal in erstgedacht unserem Reichs-Hofrath oder
„ Cammer-Gericht in Judicio contradictorio cum debita cauſæ
„ cognitione ordentlicher Weiß abgehandelt, und geschlossen iſt,
„ dabey soll es vorderiſt allerdings verbleiben, und nirgend an-
„ derſt, es seye dann durch den ordentlichen Weeg der in offter-
„ meldten Friedens-Schluß beliebter, und nach deſſen Art. 5. §.

J 2 „ quoad

„ quoad proceſſum judiciarium anſtellender Reviſion oder Suppli-
„ cation von neuem in Cognition gezogen werden.

§. 31.

Es machet zwar der Weſtphäliſche Friedens-Schluß Erwehnung
von einem Recurſu ad Comitia; allein ſolcher beſchränket ſich blos auf
den Fall, wenn ſich in Auslegung deren Reichs - Conſtitutionen und
Geſätzen Zweifel erheben, oder in Religions-Sachen bey Berathſchla-
gungen über eine die Stände des Reichs mit Einſchlieſſung der Reichs-
Ritterſchaft berührenden Entſcheidung die Herren Urtheilsfaſſere ſich in
pleno nicht vereinigen können, und alſo die Gleichheit der Stimmen die
endliche Schlußfaſſung behinderet.

Es höret aber auch ein ſolcher Recurs alsdann von ſelbſten auf, wann
durch Einmüthigkeit oder Mehrheit der Stimmen die Sache zum Be-
ſchluß kommet;

Die Ausdrückung des Weſtphäliſchen Friedens iſt in angezogener
Stelle ſo klar, als deutlich.

§. 32.

Das Comitialiter verſammelte Reich hat zu ſeiner Beſtimmung
weit andere und von Parthey-Sachen ganz unterſchiedene Beſchäfti-
gungen: dieſe zielen allein auf vorkommende- das Römiſche Reich berührende Staats-Sachen: die Beſorgnuß der Nothdurft und Angele-
genheiten des ganzen Reichs, oder eines groſſen Theils deſſelben, die
Aufrechthaltung des Verhältniſſes zwiſchen dem Kayſer, dem Reich
und denen Reichsſtänden, und was ſonſt zur allgemeinen Wohlfahrt
und Erſprießlichkeit des Reichs dienſam ſeyn mag, ſind die weſentliche
Gegenſtände dieſer vornehmen Beſchäftigung. Srittige Parthey-Sachen und Irrungen einzeler Reichsſtänden können an dieſer zu ganz an-
derem jetzt erwehntem Endzweck verſammleter Höchſter Stelle aus Gebrechen der Zuſtändnuß einer Gerichtbarkeit, ohne welche ſich Rechts-
Sachen nicht verabſcheiden laſſen, keine Erörterung finden.

Schließlichen kan auch die Vollſtreckung der Hülfe in denen bey
Reichs-Gerichteren entſchiedenen Stritt-Sachen in keinen Stillſtand
verſetzet werden, und

Wie

Wie nun ſich auß allem dieſem

(a) Der offenbare Ungrund deren Churpfälziſchen Einwürfen gegen den feyerlichſten Tractat vom Jahr 1755., hierauß ſofort

(b) Das widerrechtliche Verweigeren der Erfüllung des Vertrags,
und eben ſo

(c) Die ohnſtatthafte Vorkehr deren in gegenwärtigem beſonde-
ren Fall ohnplatzgreiflichen Ordinations- und ganz ohnerfindlichen Con-
ventional-Außträgen, ſchließlich

(d) Die Ohnzuläßigkeit des nach einem ſchon 3. jährigen Zeitverlauf von der abgeſprochenen Paritoria allererſt ergriffenen Recursûs ad
Comitia ſich ganz Sonnen-heiter vor Augen legen;

Alſo kan man gegen Jhro Kayſerliche Majeſtät und Allerhöchſt
Dero Liebe zur Gerechtigkeit die Hofnungs-volle alleruntertbänigſte
Zuverſicht ſchöpfen, Allerhöchſt-Dieſelbe werden Dero Kayſerlichen
Reichs-Hofrath bey der in dieſer Sache nach denen Reichs-Geſäßlichen
Vorſchriften und Ordnungen verfügten Juſtiz und gerechteſten Verfahren
zu Aufrechthaltung der Reichs-gerichtlichen höchſtnothwendigen Authoritæt ſtrackeſt ſchützen und handhaben, folgends denen ergangenen aller-
gerechteſten Entſcheiden und Erkanntnuſſen, ohne einige Ruckſicht auf
den überzeugter maſſen ganz ohnſtatthaften Churpfälziſchen Recurs eine
ſo nachdrücklich- und beförderliche Unterſtützung angedeyhen zu laſſen,
allergerechteſt geruhen, womit dieſe Rechtsſache ohne fernere Behem-
mung ihren Endzweck der Hülfs-Vollſtreckung dermaleins erreichen möge.

Gegen die Höchſt- und Hohe Reichsſtänden aber heeget man das
ganz zuverſichtliche Vertrauen, Höchſt- und Hoch-Dieſelbe werden in
erleuchteſtem Ermeſſen der Unwichtig- und Ohnzuläßigkeit des Churpfälziſchen Recurſes von ſelbſten einſichtigſt erwegen, was für nachthei-
lige, und höchſt-beſchwerliche Juſtiz-Hemmungen ſolche ungegründete
Abſprünge von denen Reichs-gerichtlichen Beſcheiden und rechtlichen
Verfügungen gebähren müſſen, und wie hierdurch einer Seits die von
Jhro Kayſerlichen Majeſtät und Jhnen ſelbſt ihr Weeſen, Würden,
und Verfaſſung herleitende Obriſtrichterliche Authoritæt allerdings ge-
ſchmähleret, andererſeits aber denen mindermächtigen Reichsſtänden,
deren Wehr und Waffen gegen zudringende übermächtige Bedruckugen
in denen Händen der Gott-geheiligten Iuſtiz liegen, bey allen ihren feyer-

lichſten

lichsten Verträgen, und mit schwehresten Kösten erfochtenen obsieglichen Urtheilen nach einem lang= und vieljährigen mit schwehren Beschädi= gungen beklemten Zuwarthen, sich von aller Gerechtigkeits=Hülfe ver= lassen, und denen willkührlichen Bedruckungen und Drangsalen ihrer überwichtigen Gegentheilen ausgesetzet sehen müßten; Wovon sonder= heitlich dem Fürstlichen Hochstift, nebst anderen Mindermächtigen durch ihre Lage und Begränzung in gleiches Schicksal gesetzten Reichs= ständen die schädlichste Empfindungen ohnfehlbar zugehen würden.

Von dem ruhmwürdigsten Gerechtigkeits=Eifer der Höchst= und Hohen Ständen aber ist ganz zuversichtlich die ohnfehlbare Schütz= und Handhabung der heilsamsten Justiz gegen alle Verletz= und Hemmun= gen derselben, verfolglich all beförderlicher Vorschub zur Hülfs=Voll= streckung deren von denen Höchsten Reichs=Gerichten ausgehender Ent= scheiden und Erkanntnussen von gleicher Art und Bewandnuß, mithin auch in dieser gerechtesten Sache und Angelegenheit des Fürstlichen Hoch= stifts Speyer zu hoffen und zu erwarthen, je gewisser ihre selbsteigene Authoritæt hierunter fürwaltet, und sie an Aufrechthaltung der Justiz, und des davon abhangenden Frieden und Ruhestandes in dem Reich fürnemlichen allgemeinen Theil haben.

Beylagen

Beylagen

Nr. I.

Summarischer Begrif
Speyerischer Gravaminum

Contra
Chur-Pfalz

wie solche
Vom Jahr 1709. biß zum Jahr 1755. dem Hochstift Speyer
zugedrungen worden.

Nach der Ordnung des Vertrags von 1755. angesetzet.

Gravamen I.

Betrift
Den Pfarr-Satz und Zehenden in dem Churpfälzischen Ort Ho-denheim.

Ein zeitlicher Herr Bischof zu Speyer hatte in gemeldtem Ort das Jus Patro-natûs cum Decimis von ohnvordentlichen und vielen hundert Jahren her in ruhigem Besitz.

- Erst 1728. prætendirte Churpfalz zum erstenmal das Jus præsentandi, durch-setzte auch diese seine neuerliche Anspruch durch gewaltthätige Einsetzung eines Pfar-rers / auch Arrestir- und Anweisung des Bischöflichen Zehendens an den inerudirten Pfarrer.

In Tractatu novissimo wurde Amore Pacis eine solche Alternativa verglichen / daß Churpfalz zwey / sodann das Hochstift eine Collation in futuro zu begeben haben solle.

Der hiervon erlittene Schaden erstrecket sich auf 2248. fl. 10. kr.

Gravamen II.

betrift
Die Jurisdiction über die zu Schiefferstatt in Territorio Spirensi der Churpfälzischen geistlichen Administration angehörige Erb-Bestands-Mühle, und deren Inhabere.

Die Erb-Bestands-Mühle quæst. ist in- & de Territorio Spirensi, solches wurde von Churpfalz niemalen bestritten.

a   Jurisdictio

Jurisdictio Spirensis fundiret sich demnach auf das Jus territoriale eines, und anderen Theils auf den Churpfälzischen Tractat de Anno 1709. allwo Art. 9. Jurisdictio Spirensis auf die zu Schiefferstatt gelegene Churpfälzische Mühle und Höfe ausdrücklich vorbehalten ist.

Deffen ohngeachtet hat Churpfalz einen, über sothane Mühle zwischen denen Erben circa Successionem entstandenen Rechts-Streit mit Gewalt unter seine Gerichtbarkeit gezogen.

In Tractatu novissimo de Anno 1755. ist die Jurisdictio Spirensis abermalen bestättiget.

Gravamen III.

betrift

Die von Churpfalz einigen Fürstlichen Unterthanen zu Ruppersberg abgenöthigte Erb-Huldigungs-Pflichten.

Ohnangesehen in dem Tractat de Anno 1709. alle ehemahlige Churpfälzische Leibeigenschaft in denen Fürstlich-Speyerischen Landen aufgehoben/ an das Hochstift cediret/ und alle daher prætendirte Jura in perpetuum abolirt worden; So hat gleichwohl Churpfalz im Jahr 1744. durch ein in dem Speyerischen Ort Ruppersberg angeschlagenes Patent verschiedene Speyerische Unterthanen unter dem Vorwand der Leibeigenschaft zur Erbhuldigung citiren/ und bey unterlaffener Erscheinung durch Huffaren gefänglich nacher Neustatt zu Ablegung der Huldigungs-Pflichten abführen laffen.

In Tractatu novissimo wurde der vorgegangene Huldigungs-Actus für ohnnachtheilig und nicht geschehen erklärt/ die Unterthanen von allen Köften freygegeben/ und fünftige Remedur versprochen.

Die verursachte Köften waren 38. fl.

Gravamen IV.

betrift

Den Thier-Garten bey Friedelsheim.

Dieses ist ein mit Holz besetzter District ganz ohnstrittig in- & de Territorio Spirensi; solches wolte aber Anno 1721. durch dortige Ansetzung eines Churpfälzischen Zoll-Stocks krittig gemacht werden; Nach einer ex parte des Hochstifts pro quærendo Jure territoriali fürzunehmen vermüssigten Amotion beyder Stöcken erfolgten vielfältige Churpfälzische Personal-Arresten Speyerischer Beamten und Unterthanen.

Tractatus

Tractatus noviſſimus beſtättiget Territorium Spirenſe, dahingegen iſt das Jus
venandi auf dieſem Platz an Churpfalz abgetretten.

Die erlittene Koſten betragen 120. fl.

Gravamen V.

betrift

Die in Deydesheimer Walbung hergebrachte Churpfälziſche Holz-Rechten.

Dieſe Holz-Rechte ſeynd in alten Zeiten vermög eines Vertrags vom Jahr
1521. an Churpfalz/ und zwar eines zur Churfürſtlichen Nothdurft nacher Neu-
ſtatt/ das andere zur Burg Winzingen/ das dritte zur Speyeriſchen Lehnbaren
Burg Wolfsberg/ und dann das vierte precario einem zeitlichen Pfarrer zu Gimmeldingen cum excluſione cujuscunque alterius abgegeben worden.

Solche wurden aber dermaſſen mißbrauchet/ daß dardurch der ganze Deydesheimer Wald in Gefahr ſeines gänzlichen Verderbens geriethe. Zumalen da ſich
die Churpfälziſche Gemeinden Gimmeldingen und Haard dieſes Rechts ebenfalls
anmaſſen wolten; deme ſich aber die Stadt widerſetzte; welches dann die ſchwe-
reſte Churpfälziſche Arreſten und Pfändungen Speyeriſcher Unterthanen und ihrer Haabſchaften nach ſich zoge.

Im Jahr 1747. extrahirte man bey dem Kayſerlichen Reichs-Hof-Rath ein
Mandatum de non amplius turbando &c. allein ohne alle Würkung/ geſtalten die
Churpfälziſche Gewaltthaten nach/ wie vor/ continuirten/ und die Gemeinden
Haard und Gimmeldingen nicht nachlieſſen/ dem Deydesheimer Gewäld auf das
äuſſerſte zuzuſetzen.

In Tractatu noviſſimo wurde an Churpfalz ein ſehr anſehnlicher Diſtrict zur
Beholzigung angewieſen/ und ſalvo Jure territoriali & omnimodâ Jurisdictione ſtatt
deren Holz-Rechten abgetretten.

Man kan eine richtige Berechnung darlegen/ daß dieſes Gravamen dem Hochſtift und der Stadt Deydesheim an Köſten und Schaden beygezogen 150000. fl.

Gravamen VI.

betrift

Das von der Churpfälziſchen Gemeind Lachen an die Hambacher Walbung prætendirende Condominium.

In dieſer der Speyeriſchen Gemeind Hambach proprietariè zuſtändigen Wal-
bung hat die Churpfälziſche Gemeind Lachen vermög vorhandener alten Tractaten
nur blos eine eingeſchränkte Beholzigungs-Gerechtigkeit/ ſodann das Jus compaſcui
mit ihren Schweinen zu Eckerichs-Zeiten.

Durch

Durch schwere Churpfälzische Arresten und Thathandlungen aber brachte es die Gemeind Lachen dahin/ daß die Gemeind Hainbach eben zur Zeit/ als verschiedene ihrer Mitbürger noch zu Neustatt in Churpfälzischem Arrest lagen/ zu derenselben Erledigung durch einen abgedrungenen Vergleich der Gemeind Lachen einen Antheil von denen erlösenden Holz-Geldern versprache.

Im Jahr 1740. führte die Gemeind Lachen gegen Hainbach bey dem Speyerischen Oberamt Kirrweiler ihrer Forderung halber ordentliche Klage/ sie wurde aber plenè instructâ & cognitâ causâ durch ein ergangenes Urtheil abgewiesen. Dieses veranlaßte neue Churpfälzische Gewaltthaten/ der Hainbacher Schultheiß/ das Gericht/ und die Gemeinds-Leute wurden oft und vielmal in der Pfalz ganze Monaten hindurch arrestirlich angehalten/ die Gemeind Lachen thate mehrmalige Einfäll mit 80. und mehreren Wägen in die Waldung unter jeweiliger Begleitung einer starken Zahl aufgebottener Bauren/ wie sie dann unter anderen bey einem dergleichen Einfall 400. Stämm Holz niedergeschlagen/ und entführet.

Man sahe sich derohalben genöthiget/ im Jahr 1740. bey dem Kayserlichen Reichs-Hof-Rath ein Mandatum de relaxandis captivis, restituendis oblatis &c. zu extrahiren/ allein solches hatte nicht die geringste Würkung/ Gegentheils hat die Gemeind Lachen bey Gelegenheit der Gränz-Begehung dieses Waldes im Jahr 1748. die darzu deputirte Gemeinds-Leuthe von Hainbach mit 200. Mann/ die mit Gewehr und andern lethalen Instrumenten versehen waren/ auf eine recht mörderische Art angegriffen/ und 20. derenselben tödlich verwundet/ wobey sogar zwey von Neustatt und Lachen das Leben eingebüsset.

Auch das hierüber noch insbesondere extrahirte Mandatum Cæsareum ware ohne Frucht.

Indessen belauffet sich die der Gemeind Hainbach zugegangene Beschädigung und Kösten auf 3380. fl.

In novissimo Tractatu wurden die Lachemer Forderungen denen alten Verträgen gemäß in gewisse Maas und Ziel gesetzet/ anbey alle Vorkehr gegen künftige Thathandlungen versprochen.

Gravamen VII.

betrift

Den von der Churpfälzischen Gemeind Duttweiler an die Maycammerer Geranden-Waldungen machenden Anspruch.

Im Jahr 1713. liesse sich die Churpfälzische Gemeind Duttweiler beyfallen/ an den Maycammerer Geranden-Wald den ersten Anspruch zu machen/ sie führte hierüber bey dem Speyerischen Oberamt Kirrweiler/ unter dessen Jurisdiction Maycammer und die Waldung gelegen/ eine förmliche Klage/ derselben wurde hierauf per interlocutum aufgegeben/ ihren Anspruch des Wald-Rechts zu beweisen.

In Jahr 1721. erfolgte auch endlich in der Sache ein Difinitiv-Bescheid/ und Duttweiler wurde mit ihrem Klagwerk abgewiesen/ solcher erreichte auch die Kraft Rechtens.

In Jahr 1724. wendete sich die Gemeind Duttweiler an Churpfälzische Regierung/ und brachte es durch finistre Vorstellungen dahin/ daß Churpfälzische Regierung drohete/ die Speyerische Gemeinde Denningen in solang von ihrem mit der Churpfälzischen Gemeind Edenkoben gemeinschaftlich habenden Wald-Recht abzutreiben/ biß die Gemeind Duttweiler in die Maxamminerer Waldung aufgenommen werde.

Diese Bedrohung wurde auch zur Thätlichkeit gebracht/ die Gemeind Denningen lang und viele Jahre zu ihrer dufferften Beklemmung von ihrer Waldung abgehalten/ endlich aber auch sogar im Jahr 1747. die Gemeind Duttweiler unter einer militärischen Escorte von 150. Churpfälzischen Grenadiers in die Maxamminerer Gerayden eingeführet/ worauffen dieselbe mit einer Menge zusammen gebrachten Fuhren eine groffe Quantitæt umgeschlagenen Holzes entführet. Durch Churpfälzische Commando wurden mit dieser Gelegenheit aus denen Speyerischen Ortschaften Maykammer/ Sanct Martin, und Diedesfeld die Speyerische Unterthanen ausgehoben/ und gefänglich nach Neustatt und Edenkoben gebracht. Auf denen Land-Straffen wurden Soldaten- und Bauern-Wachten ausgestellet/ und dadurch denen Speyerischen Unterthanen der völlige Paß versperret/ so daß sich fast niemand aus dem Ort zu gehen getrauet/ und ob zwar hierwieder bey dem Kayserlichen Reichs-Hof-Rath eine Citation auf den Land-Frieden cum Mandato de relaxandis captivis & arreftis &c. &c. ausgebracht worden/ so hatte doch diese keinen anderen Erfolg/ als daß die arreftirte Speyerische Unterthanen des Arreftes entlaffen worden/ all übriges und unter diesem auch die Indemnisation die sich auf 13070. fl. 58. fr. beftrecte/ bliebe in ohnbefolgtem Stand.

In noviffimo Tractatu wurde die Gemeind Duttweiler mit ihrer Klage an das Kayserliche Cammer-Gericht verwiesen.

Gravamen VIII.

betrift

Das Rheinfahrt zu Philippsburg.

Dieses Gravamen hat keinen anderen Grund/ als daß man sich Churpfälzischer Seits beschwehret/ daß hierdurch der Churpfälzischen Fahrt zu Germersheim Schaden geschehe.

Ohnangesehen nun die Philippsburger Fahrt eine dem Hochstift zuständige in einer uralten Poffeffion/ und Jure territoriali gegründete Berechtigung ist/ so wurde gleichwohl pro redimendâ vexâ

b   Ia

In noviſſimo Tractatu zum Erſatz des vorgeblichen Abgangs an dem Germers-
heimer Rheinfahrt Churpfalz zugeſtanden/ daß von einem zeitlichen Philippsbur,
ger Jahrt-Beſtänder alljährlich 40. fl. abgereichet werden ſolten.

Gravamen IX.

betrift
Den Pfarr-Satz zu Steinweiler.

Dieſes dem Fürſtlichen Hochſtift von uralteſten Zeiten her zuſtehende Jus Pa-
tronatûs wurde allererſt im Jahr 1725. von Churpfalz anſprüchig gemacht/ zu
Durchſetzung dieſes Intents der alldortige Zehende oft und vielmal in Beſchlag ge-
nommen/ und dadurch dem Hochſtift viele tauſend Gulden Schaden zugefüget.

In Tractatu noviſſimo iſt Churpfalz von ſeinem ohngegründeten Anſpruch abgegangen. Dahingegen mußte das Hochſtift den Lehnherrlichen Conſens zu Er-
kauffung des Orts Diedelsheim/ ſodann dem Herrn Grafen von Leiningen zu Auf-
nahm eines Capitals auf das dießſeitige Feudal-Ort Obrigkeit ertheilen.

Gravamen X.

betrift
Die Rheinfiſcherey zu Knaudenheim bey Philippsburg.

Es hat das Hochſtift Speyer von ohnfürdenklichen Jahren hero die Rheinfi-
ſcherey/ ſoweit dieſer Fluß deſſen Territorium berühret/ biß in die Mitten des Rheins
bey Rheinsheim/ Knaudenheim/ Philippsburg und ſo weiters exerciret/ ſolche
Fiſcherey jährlich um einen ſicheren Zinnß verlehnet/ fort ſich in deſſen ohneurbirter
Poſſeſſion befunden; biß ohngefehr Anno 1726. die Churpfälziſche Fiſchere zu Germersheim ſich einfallen laſſen/ dießſeitigen Fiſcheren das Fiſchen im Rhein zu ver-
bietten/ und den ganzen Fluß ihres Orts zu befiſchen. Wie dann das Oberamt
Germersheim gegen die dießſeitige Fiſchere mehrmahlen manu forti verfahren/ ihnen
ihre Fiſchgarn hinwegnehmen/ auch verſchiedentliche Perſonal-Arreſten verhängen laſſen.

Hierauf wurde im Jahr 1746. ein Kayſerliches Reſcript de relaxandis captivis
& non turbando in Jure piſcandi &c. impetriret/ jedoch ohne einige Würkung.

In Tractatu noviſſimo wurde von Churpfalz die dießſeitige Berechtigung er-
kannt/ und auf fernere Turbation renunciiret.

Der durch dieſe geſtöhrte Fiſcherey erlittene Schaden belauffet ſich auf 9996. fl. 31. kr.

Gravamen XI.

betrift
Den ſogenannten Heiligen-Damm bey Büchenau.

Dieſer Damm lieget ſchon von uralten Zeiten her in Fürſtlich Speyeriſchen
Territorio, und dienet zu Abhaltung des wilden Gewäſſers von denen Wieſen der
Speyeriſchen Gemeind Büchenau.

Aus

Aus Vorschützung/ daß das sich vor diesen Damm stellende Waſſer denen
vorliegenden Churpfälziſchen Waldungen Schaden bringe/ wurde ſolcher verschie-
denemalen von Churpfälziſchen aufgebottenen Bauren eingeriſſen/ und ohnerachtet
ſich bey Unterſuchung der Sache in der That geäuſſeret hat/ daß die Churpfälziſche
Gemeind Wingarten wegen vernachläßigter Ausbutzung deren Bächen und Gräben
die Anſchwellung des Waſſers verursachet/ ſo hat man gleichwohl

In Tractatu noviſſimo ex parte des Hochſtifts nachgegeben/ und zu Abführung
des Gewäſſers die Mittel an Handen gereichet.

Gravamen XII.

betrift
Den von Churpfälziſcher Gemeind Neuhofen der Speyeriſchen Gemeind Waldsee gewaltthätig hinweg genommenen Feld-Diſtrict die Haard genannt.

Die Fürſtlich Speyeriſche Gemeind Waldsee ware von ohnerdencklichen Jahren
in ruhigem Beſitz eines groſſen in ihrer Gemark gelegenen Feld-Diſtricts/ die
Haard genannt/ dieſen zuvor mit Hecken und Büſchen überwachſen geweſenen Feld-
ſtrich hat ermeldte Gemeind vor und nach dem Speyeriſchen Brand dergeſtalten ruhig benutzet/ daß ſie ihr Schaaf- und Rind-Viehe darin geweydet/ Brennholtz
und Reif-Stangen darauf gehauen/ auch in einer daſelbſt befindlichen Leimen-
Gruben ihren nöthigen Leimen genommen haben; im Jahr 1718. aber hat die Gemeind Waldsee ſolchen wegen angewachſener Zahl der Burgerſchaft mittelſt Aus-
hauung des Gebüſch und Holzes zu Ackerfeld gemacht/ auch die daſelbſt eingebaute
Früchten in Annis 1719. und 1721. ohne Widerred eingeerndet/ deſſen ohnangeſehen
machte man von Churpfälziſcher Seiten unterm Prætext, ob gehöre der Diſtrict
quæſt. zur Churpfälziſchen Wildfuhr/ und denen Neuhöffern zum Weidgang/ hier-
an Anſpruch/ allermaſſen im Jahr 1723. von Churpfälziſcher Regierung der auch
Churpfälziſchen Gemeind Neuhoffen anbefohlen worden/ die von denen Waldſeern
in dieſem Diſtrict eingebaute Früchten viâ facti einzuerndten; wie dann auch aller
dieſſeitigen Remonſtrationen ohngeachtet den 3ten Julii d. a. eine Anzahl von 200.
Bauren unter Bedeckung einer ſtarken mit Flinten/ Hebel/ Spieſſen und dergleichen lethalen Inſtrumenten verſehenen Mannſchaft in dieſſeitiges Territorium und ge-
meldten Diſtrict eingefallen/ das allda geſtandene Korn mit Hindanſetzung aller dargegen geſchehener Proteſtationen abgeſchnitten und fortgeſchleppet/ weniger nicht im
Jahr 1725. ein zweyterer noch gewaltſamerer Einfall in dieſſeitiges Territorium
unternommen/ und die von denen Waldſeern aus Forcht noch nicht gar zeitig ab-
geſchnittene/ und auf einen ohndiſputirlich Speyeriſchen Ort hingebrachte Früchten
vermittelſt eines Detachements von 100. Churpfälziſchen Grenadiers auf mehr dann
300. Wägen viâ facti hinweg genommen worden/ wobeynebens dieſe Churpfälziſche
Grenadiers in vorbeſagtem Diſtrict eine ganze Heerd Dämmel hinweg/ und in das Pfälziſche getrieben/ verſchiedene davon gemetzelt/ und verzehret; Das Churpfälziſche

Oberamt Neuſtatt ſelbſten lieſſe eben damals den noch geſtandenen grünen unzeiti-
gen Habern unter Bedeckung ſothanen Detachement abmähen/ auch den angebaut
geweſenen Flachs ausropfen und fortſchleppen/ wie dann ermelte Gemeind Neuhoffen dieſen Diſtrict uingezackert / und hernachſt unter abermaliger ſolcher Bedeckung die Früchten hinweg genommen.

Man extrahirte hierwider im Jahr 1731. ein Kayſerliches Mandatum reſtitutorium & inhibitorium, aber ohne Frucht.

Vermög letzteren Tractats de Anno 1755. iſt dieſes Gravamen in ſoweit hinge-
leget worden/ daß der Gemeind Neuhoffen die Helfte dieſes Diſtricts als ein Eigen-
thuin abgetretten werden müſſen.

Der vieljährige Schaden aber belaufet ſich auf 31000. fl.

Gravamen XIII.

betrift

Die Rhein-Inſel bey Waldſee, das Schlangen-Wörth genannt.

Der Rheinfluß hatte vor ohngefehr 20. Jahren von dem der Speyeriſchen Ge-
ineinde Waldſee zuſtehenden ſogenannten Kohler-Wald und Wieſen nach und nach
einen Diſtrict abgeriſſen/ und ſolchen auf die andere Seite/ ſo auch ihrer der Wald-
ſeer Gemark iſt/ geleget.

Von Churpfalz wurde dieſer Anwurf als eine Inſel ex capite putativi Dominii Rheni angeſprochen.

In Tractatu noviſſimo iſt bey Einſicht der Sache von dem Churpfälziſchen für
ehngegründet anerkannten Anſpruch abgeſtanden worden.

Gravamen XIV.

Betrift

Die von der Gemeind Zuzenhauſſen anſprechende Speyeriſche Ca-
meral-Waldung der Ruck-Wald genannt.

Dieſen Wald-Diſtrict hat das Fürſtliche Hochſtift Speyer in einem ohnfürdenklichen Beſitz eines vollkommenen Dominii hergebracht.

In Jahr 1734. bey dazumaligem bekannten Krieg lieſe ſich die Fürſtlich-
Speyeriſch-Lehnbare Gemeind Zuzenhauſen einfallen/ an ſothane Waldung Anſpruch zu machen; Mit Beyhülf der Kriegs-Truppen fiele ſie auch mehrmalen in
dieſe Waldungen ein/ und entführte groſſe Quantitæten Holz/ und weilen dieſelbe
von Churpfalz/ als welche über dieſes Ort die Cent-Gerechtigkeit prætendiret/ dies-
ſeits aber nicht zugeſtanden wird/ in dieſen ihren Frevelthaten unterſtützet wurde/
ſo wäre dieſes die Urſach/ daß gedachte Gemeind zeithero die Gewaltthätige Einfälle
und

und Niederfällung ganzer Districten mehr und oftmalen wiederhohlet/ zumalen sie sogar mit Churpfälzischen regulirten Soldaten zu desto fecherer Ausführung ihres Frevelmuths in die Waldung begleitet wurden/ und als man Fürstlich-Speyerischer Seits vor jüngeren Jahren einige deren Frevler in flagranti ergriffen/ und solche zur billigsten Bestraffung eingezogen/ wurden dargegen von dem Churpfälzischen Amt Dielsberg diesseitige unschuldige Unterthanen/ die an der Sach nicht den geringsten Theil hatten/ mit Wägen und Pferden arrestirt/ und in solang gepfändet/ biß dieselbe 661. fl. 44. kr. baar erlegt haben.

Man extrahirte zwar auch gegen Churpfalz und diese Gemeind bey dem Reichs-Hofrath ein Mandatum de non amplius turbando in Possessione, restituendis ablatis &c. dessen ohngeachtet continuiren diese Zuzenhäuser Frevelthaten und stete Einfälle in die Waldung unter Churpfälzischen Beystand noch biß auf diese Stund.

In Tractatu novissimo wurde diese Sach unter einem zwey monathlichen Termin zur beyderseitigen Commissarischen Untersuch- und gütlichen Abgleichung zwar ausgestellet/ bishero aber wäre solche noch nicht zu erwürken.

Der hierüber dem Hochstift zugegangene Schaden belauffet sich auf 2461. fl. 19. kr.

Gravamen XV.

betrift

Das von denen Churpfälzischen Gemeinden Hagenbach, Pfortz, Berg, und Werth prætendirende Holz-Gebing und Weidgang in dem Böhnwald.

Inhalts vorhandener alter Urkunden und Gedings-Briefe ist denen vorgenannten vier Churpfälzischen Gemeinden in der Speyerischen Waldung/ der Böhnwald genannt/ ex mero precariò & gratiâ das Holz-Gebing und Weidgang in eingeschränkter Maas und gegen jährliche Entrichtung eines sicheren Quanti an Hatern gestattet worden.

Die Uebertrettung ihrer Gedings-mäsigen Schranken/ und immerwährendes Frevlen in sothanen Waldungen hat das Fürstliche Hochstift bewogen/ ihnen Gemeinden dieses Precarium abzukünden.

In Tractatu novissimo hat das Fürstliche Hochstift gleichwohl auch hierinnen nachgegeben/ und benannten Gemeinden das Holz-Gebing in sicherer Maas und Condition wiederum zugestanden.

An Holz-Frevel- und Gebing-Geldern bleiben in Rukstand 168. fl.

Gravamen XVI.

betrift

Das auf der Rhein-Schanz, Philippsburg gegenüber erbaute Churpfälzische Zoll-Haus.

Churpfälzischer Seits ist im Jahr 1736. neuerlich ein Zoll-Haus auf die Rhein-Schanz bey Philippsburg gesetzet/ dargegen aber diesseits novum opus denunciiret/

auch

auch deßhalben bey Kayserlichem Reichs-Hofrath Klag erhoben worden; allda wurde zwar Commiſſio ad amicabilem erkannt/ hingegen von Seiten Churpfalz solche decliniret/ und ad Judicium auſtrægale provociret.

Obwohlen nun dieser Churpfälzische neuerliche Unfug durch verschiedene Verträg und Schieds-richterliche Aussprüche zu Tag geleget worden/ so hat es gleichwohlen nichts verfangen mögen/ sondern ist durch sothanen continuirlichen neuen Zoll dem Hochstift an dem Territorio sowohl/ als auch dadurch der größte Nachtheil zugezogen worden/ weilen in diesem geringen Diſtrict ſtatt einer/ nun zwey Churpfälzische Zollſtätte errichtet seynd.

Man hat auch durch letzteren Vertrag Hochstiftischer Seits von dieser billigen Beschwehr-Führung auf gewisse Bedingnussen ganz und gar abgehen müssen.

Gravamen XVII.

betrift

Das zwischen der Churpfälzischen Gemeind Kleinfischlingen, und der Speyerischen Gemeind Großfischlingen strittige Jus retractûs.

Dieses Einſtands-Recht wurde von denen Churpfälzischen Unterthanen von Kleinfischlingen denen Speyerischen zu Großfischlingen ab denen in letzterer Gemark gelegenen Güthern strittig gemacht.

Die Churpfälzische Klagden hierüber bey dem Speyerischen Ober-Amt Kirrweiler/ sie wurden aber durch einen im Jahr 1738. ergangenen Bescheid abgewiesen/ und das Einſtands-Recht denen Speyerischen Unterthanen zu Großfischlingen zuerkannt.

Hiervon nahmen zwar die Churpfälzische Unterthanen an die Fürſtlich-Speyerische Regierung per Appellationem ihren Recurs, verliessen aber diesen Weeg Rechtens/ und wendeten sich an das Churpfälzische Oberamt Germersheim/ welches auch kein Bedenken nahme/ mit schwehreſten Pfändungen gegen die Speyerische Unterthanen zuzufahren/

In Tractatu noviſſimo wurde verglichen/ daß beyderseitige Unterthanen diejenige Güther/ so sie würklich besitzen/ auch durch Heurathen und Erbschaften acquiriren würden/ ohngeſtöhrt behalten/ dahingegen die ein- oder anderseitige Güther-Käufe zur willkührlichen Bewilligung einer jeden Herrschaft ausgeſtellet seyn solten.

Dieß Gravamen verursachte einen Kosten von 82. fl. 48. kr.

Gravamen

Gravamen XVIII.

betrift

Die Tractat-mäßige Abthuung des zu Schweickhofen befindlichen Churpfälzischen Zolls.

In dem zwischen Churpfalz und dem Hochstift Speyer Anno 1709. errichteten Vertrag und dessen §. 6. ist deutlich und mit diesen Worten versehen: Daß die Zölle zu Schweickhofen/ Schleithal und Seebach abgethan seyn/ und weder von Churpfalz noch dem Bißthum Speyer einige dahin mehr gesetzet werden solten.

Diesem zuwider ist von Seiten Churpfalz im Jahr 1731. zu besagtem Schweickhofen neuerlich ein Zoll-Stock errichtet/ und aller gethaner diesseitiger Contradictionen ohngeachtet nicht amoviret worden / biß selbiger Anno 1742. von selbsten umgefallen/ im Jahr 1746. aber de novo aufgerichtet/ und sogar für den dortig aufgestellten Churpfälzischen Zoller die Frohnd-Freyheit expos't prætendiret worden ist.

Dieses Gravamen wurde durch den letzteren Vertrag gehoben/ und loco des Zoll-Stocks ein Wehr- oder Anweisungs-Stock aufgestellet.

Gravamen XIX.

betrift

Die von Hochstifts Seiten angeblich ansuchende Erweiterung der Territorial-Gränzen in der Gegend Lauterburg.

Dieses ware ein vermeyntliches Churpfälzisches Gravamen gegen das Hochstift/ dessen Ungrund aber sich bey der beschehenen Besichtigung geäusseret hat/ und dasselbige durch eine beederseitige gemeinschaftliche Stein-Setzung gehoben worden.

Gravamen XX.

betrift

Die vom Churpfälzischen Zoll zu St. Leon dem Hochstift Speyer Tractat-mäßig competirende- zeithero aber nicht entrichtete Terz des Zoll-Gelds.

Ohngeachtet in dem Vertrag de Anno 1709. klar versehen/ daß von dem im Hochstift Speyerischen Ort St. Leon aufgerichteten Churpfälzischen Wehr-Zoll die Tertia deren eingehenden Zoll-Gelderen an das Hochstift richtig abgefolget/ auch der ansetzende Churpfälzische Zoller ex loco St. Leon genommen/ von selbigem sofort die gewöhnliche Huldigung geleistet/ und in specie wegen richtiger Lieferung obiger Terz verpflichtet werden solle; So hat jedannoch das Hochstift Speyer seiner ohnaufhörlich beschehener Remonstrationen ohngeachtet weder zu eins noch dem andern

gelangen

gelangen können/ sondern es wurde noch in Anno 1747. von dem Oberamt Heidelberg statt des verstorbenen Zöllers zu St. Leon ein auswärtiger in keinen Speyerischen Burgers-Pflichten stehender Mann zum Zöller daselbst angestellet/ derselbige
aber zur behörigen Pflichts-Ablegung und Abtragung gemeldter Tertiæ keineswegs
angewiesen.

In Tractatu novissimo ist die Tractat-mäßige künftige Beobachtung zugesagt/
die rückständige Zoll-Gelder ad 540. fl. aber nicht restituiret worden.

Gravamen XXI.

betrift

Die von dem Hochstift von kurzen Jahren her zwischen Nieder-
Otterbach und Schweickhofen in der Gegend Capsweyer hart
an die Churpfälzische Zoll- und Geleits-Strasse mit Speyerischen Wappen gesetzte zwey Zoll-Stöcke.

Dieses ware ein Churpfälzisches Gravamen gegen das Hochstift/ und hat seine
Abfertigung dadurch von sich selbsten erhalten/ als man diesseits erwiesen und dar-
gethan/ daß die quæstionirte Zoll-Stöcke keineswegs im Amt Altenstadt/ sondern
in dem diesseitigen Amt Sanct Remig von sehr langer Zeit gestanden/ und folgsam
sich darüber von jenseit ohngegründet beschwehret worden seye.

Gravamen XXII.

betrift

Die bey Waibstatt extendiren wollende Churpfälzische Cent, item
Turbation in Erhebung des Weibstatter Weeg-Gelds.

In dem mit Churpfalz im Jahr 1709. errichteten Vertrag ist dem Hochstift
Speyer das Weeg-Geld bey dem Städtlein Waibstatt/ und auch die Cent-Gerechtigkeit daselbst/ doch nicht über die Schwarzbach/ klar und deutlich eingestanden
worden.   Deme zuwider ist Churpfälzischer Seits sothanes schuldige Weeg-Geld
nicht nur zum öftern denegirt worden/ sondern es hat Churpfalz ihre sogenannte
Stüber-Cent biß an die Thor der Stadt Weibstadt extendiret/ und mehrmalen
mit gewafneter Hand prætendiret/ wie dann vormals eine Churpfälzische gewafnete
Mannschaft biß an die Waibstatter Mühlen-Brücken gekommen/ 5. biß 6. Schuß
gegen die Stadt gethan/ und die ohngebührende Strassen zum Geleit beritten haben.   Nicht weniger wolte diese Churpfälzische Cent sogar am oberen Thor zu
Waibstadt angemasset werden/ wie dann in Anno 1740./ als ein Dieb aus Weibstatt
zum Richt-Platz geführet werden sollen/ eine Churpfälzische gewafnete Mannschaft/
80. Mann stark/ vor dem Schlagbaum dieses Thors sich postirt gehabt; Da deme
aber ohngeachtet diesseitiger Conduct biß zur Richtstatt continuiret worden/ so wur-

den

✳) 13 (✳

ben bie Waibſtatter nachhero auf das äuſſerſte verfolget/ auch ein Burger von da
Nahmens Stertzenbach im Churpfälziſchen arreſtiret/ und lange zu Sinzheim gefänglich angehalten/ ihme zwey Pferd hinweg genommen/ und das Geld dafür de-
poniret worden.

In Tractatu noviſſimo ſind die Ćent-Gränzen nach dem Tractat von Anno
1709. beſtättiget und veſtgeſetzet/ wegen des Tractats-widrigen Vorgangs ein Revers de non præjudicando auch die Reſtitution der Pfändung zugeſagt.

Gravamen XXIII.

betrift

Den Ueberzug deren Speyeriſchen Leibeigenen Unterthanen in Churpfälziſche Landen, derenſelben Manumiſſionen, und ihren Gü-
ther-Verkauf.

Alldieweilen man Fürſtlich-Speyeriſcher Seiten jezuweilen vermöglichen Unterthanen aus triftigſten Urſachen den Abzug in Churpfälziſche Landen verſaget/
oder bey ihrem Abgang ſie zum Verkauf ihrer Güther im Hochſtift angehalten/
ſo machte Churpfalz hierab ein Gravamen; ſo wenig nun ſolches gegründet ſeyn
konte/ angeſehen man die gröſte Beſchwehrnuß hat/ von denen in Hochſtiftiſchen
Landen begütherten Churpfälziſchen Unterthanen die ordinair, und extraordinair onera ab ihren Güthern zu erhalten/ ſo vermeynte man gleichwohl durch die dieſſeitige den Güther-Beſitz deren Forenſium reſtringirende Landes-Verordnung be-
ſchwert zu ſeyn.

In noviſſimo Tractatu wurde der Nachtrag der ruckſtändigen Onerum, pro futuro aber die richtige Abführung derſelben zugeſagt/ auch denen dieſſeitigen Unterthanen das ihnen ohnehin de Jure zuſtändige Auslöſungs-Recht beſtättiget.

Indeſſen belauft ſich der Rückſtand der verweigerten præſtandorum extraor-
dinariorum von denen im Hochſtift angeſeſſenen Churpfälziſchen Unterthanen auf
11720. fl. 58. kr.

Gravamen XXIV.

betrift

Die der Fürſtlich-Speyeriſchen Renth-Cammer zugehörige, ſchon
lange Jahren vorenthaltene 200. Malter Weizen-Korn in
denen Churpfälziſchen Orthen Haßloch und Böhl.

Das Fürſtliche Hochſtift hat ſchon vor 250. Jahren eine Frucht-Gefäll von
200. Malter Weizen-Korn in denen Churpfälziſchen Ortſchaften Haßloch und Böhl
käuflich an ſich gebracht/ auch ſolche in vorigen alten Zeiten vermög vorhandener
Urſchriften richtig bezogen.

b   Die

Die in letztvorigem Sæculo fürgeschwebte schwere Kriege/ wodurch die Fel-
dungen Reichs-kündigermaſſen in eine völlige Veröbung gerathen/ verursachte/ daß
dieſe Frucht-Gefäll zum Theil gar nicht/ zum Theil aber nur nach Proportion deren angebauten Feldern entrichtet werden konte. Dieſes veranlaſſete endlich die Ge-
meinde/ ohngeachtet des reſtituirten Friedens und hinwiederum hergeſtelten Feldbaues/
auf die Lieferung des minderen Frucht-Quanti von denen Kriegs-Jahren her zu be-
ſtehen. Wie ſie dann auch jährlich bald 60. bald 70. 80. 90. auch 100. Malter lie-
ferten/ welche dann von dem Hochſtift per Abſchlag jedesmal angenommen worden.

Da aber die Gemeind Haßloch und Böhl bey Churpfälziſcher Regierung gegen
das Hochſtift immer ſtärkere Unterſtützung gefunden; So lieferen dieſelbe nun ſchon
über 12. Jahren her an dieſer ganz liquiden Schuldigkeit keinen Kernen mehr.

In noviſſimo Tractatu wurde dieſer Beſchwer-Punct zur beyderſeitigen Commiſſariſchen gütlichen Berichtigung ausgeſtellet/ man konte aber ſolches zeithero nicht er-
reichen/ es iſt ſich auch ohne Obriſtrichterliche Hülf hierzu keine Hofnung zu machen.

Indeſſen ſeynd die Churpfälziſche beyde Gemeinden dem Hochſtift bereits mit
einem Rückſtand verhaftet/ der ſich auf 16071. fl. belauffet.

Gravamen XXV.

betrift

Das Unternehmen des Fürſtlich-Speyeriſchen Keller Zoller zu
Lauterburg gegen eine Churpfälziſche Beſtands-Mühle.

Im Jahr 1742. unterſtunde ſich der Churpfälziſche Beſtands-Müller zu Ber-
gen eine Schwell an den Ablaß der Lauter Speyeriſchen Territorii zu legen/ Pfähl
zu ſchlagen/ mit Grund und Strohe zu verdämmen/ und die Lauter abzugraben/
wodurch Speyeriſch-Herrſchaftliche ſowohl/ als Privat-Wieſen unter Waſſer geſetzet worden.

Als nun der Speyeriſche Keller dieſe ſchädliche Arbeit zernichtet/ lieſe das Churpfälziſche Amt Hagenbach den Speyeriſchen Zehenden zu Werth mit Arreſt beſchla-
gen/ woraus dem Fürſtlichen Hochſtift ein Schaden zugegangen von 300. fl.

In noviſſimo Tractatu hat man Churpfälziſcher Seits den Unfug erkennt/
und verſprochen/ in dergleichen Vorfallenheiten ſolche Vorſicht zu gebrauchen/ daß
die Felder und Wieſen der Speyeriſchen Unterthanen ohnbeſchädiget bleiben ſolten.

Indeſſen erfolgte keine Reſtitution der Beſchädigung.

Gravamen

Gravamen XXVI.

betrift

Die Aufhaltung des gewöhnlichen Lußheimer Rheinfahr = Gelds von transportirendem Churpfälzischen Jagd=Gezeug, und die deßfalls vom Ferchen=Meister führende Beschwerde.

Gleichwie der Rückstand des Jahrgelds abgeführet worden / also ist auch in letzterem Vertrag Churpfälzischer Seits/ in allen solchen Fällen hinkünftig die Ge= bühr entrichten zu laffen / zugesagt worden.

Gravamen XXVII.

betrift

Die Gemarkungs= und Weid = Strittigkeiten zwischen beeden re- spectivè Churpfälzisch= und Speyerischen Gemeinden Insheim, und Herrheim.

Diese zwischen ermeldten beyden Gemeinden lange Zeit vorgewesene Gränz= und Weid=Strittigkeiten seynd durch den jüngstern Vertrag zur Beaugenscheini= gung und Einsicht deren Verträgen / Lagerbüchern/ und anderer Urkunden auch pro re naĉâ zur Erhebung der Steinen/ verwiesen worden.

Gravamen XXVIII.

betrift

Das von der Churpfälzischen Gemeind Neuhofen in der Schiffer= statter Speyerischer Gemarkung sich anmaffende Stuck Feld der Ransch=Graben genannt.

Die Speyerische Gemeind Schiefferstatt ware vermög ihrer Dorf=Rechnung/ alter Protocollen/ Grenz=Begehungen mit benachbarten/ alten Vergleichungs=Brie= fen/ und eidlicher Aussagen sehr vieler alter Leuten von alten und ohnrußdenkli= chen Zeiten her in dem rußigen Besiß des Stuck Felds der Ransch genannt.

Im Jahr 1733. maßte sich die Churpfälzische Gemeind Neuhofen allererst an/ sothanen District anzusprechen/ und zugleich auch Thätichkeiten anzufangen/ in= deme sie den District mit 20. Mann überfallen/ die diesseitige darauf gearbeitete Unterthanen mit Abnehmung ihrer Aext und Bickel gepfändet/ hiernächst sogar mit der ganzen Gemeind in diesen District eingefallen/ das Graß abgemähet/ und ent= führet/ in denen nachgefolgten Jahren aber mehrmalige gewaltthätige Pfändun= gen unternommen.

In Tractatu novissimo wurde dieser Punct zur gütlichen Abgleichung ausgesetzt.

b 2   Gravamen

Gravamen XXIX.

betrift

Das von der Churpfälzischen Gemeind Dannstatt in der Speyerer
Schiefferstadter Waldung prætendirende Weidgangs = und
Beholzigungs = Recht.

Den Weidgang in ermeldtem Diſtrict betreffend/ ſo iſt dieſes eine alte vom
vorigen Sæculo herrührende Strittigkeit.

Schon im Jahr 1687. wurden durch einen aufgerichten Interims=Receſs denen
Dannſtatter biß zu Austrag der Sache/ und mit Vorbehalt beyderſeitigen Rechten
gewiſſe Diſtricten zum Weidgang angewieſen.

Durch den Tractat vom Jahr 1709. ward dieſer Receſs beſtättiget.

Deſſen ohngeachtet wurde von Churpfälziſcher Seiten das= auſſer denen an=
gewieſenen Diſtricten geweidete Schifferſtatter Hammel=Viehe gepfändet und abge=
trieben/ ein Unterthan von Schifferſtatt Peter Böhler mit Brügeln übel tractiret/
mit einem Schuß ſehr verletzet/ und alſo die Gemeind Schifferſtatt in ihrem alten
Beſitz ſtets beunruhiget.

Belangend die Beholzigung/ ſo iſt die Gemeind Dannſtadt allererſt im Jahr
1715. mit ihrer neuerlichen Anſprach aufgezogen kommen/ und ſogleich viâ facti
zugefahren. Selbige nun konten dieſſeits anderſt nicht als Wald=Frevler angeſe=
hen/ und pro tuendo Jure gepfändet werden/ allein es ſeynd von Seiten des
Churpfälziſchen Oberamts Neuſtatt hierauf gegen dieſſeitige Unterthanen ſchwere
Gegenpfändungen fürgenommen worden; und als auch ermeldte Churpfälziſche
Gemeind ſogar in dem dieſſeitigen Cameral=Wald die Biſchofs=Tränk genannt/ ein=
gefallen/ und gewaltthätigen Frevel unternehmen wollen/ man aber dieſer Seiten
ihre Kärch rechtsbefugteſter maſſen gepfändet/ ſo wurde von Seiten des Chupfälzi=
ſchen Oberamts Neuſtatt dargegen einigen Schifferſtatter Wirthen 2. Wägen mit
5. Ohm Wein/ und anderen Unterthanen viele Kärch hinweggenommen.

In Tractatu noviſſimo wurde dieſes Gravamen zur beyderſeitigen gütlichen Ab=
gleichung ausgeſtellet.

Indeſſen betraget der dem Fürſtlichen Hochſtift und deſſen Unterthanen hierab
zugegangene Schade 5533. fl. 24. kr.

Gravamen XXX.

betrift

Die von Seiten Churpfalz im Speyeriſchen Territorio an der Kraich=
Bach bey Stettfeld ruinirte Seeg=Mühl.

Es haben des letzt=abgelebten Herrn Biſchoffen und Fürſten zu Speyer Hoch=
fürſtliche Eminenz im Jahr 1722. zu Ihro und Ihrer Unterthanen größten
                                                                    Nothdurft

Nothdurſt eine Seeg=Mühl tief in Dero Speyeriſchen Landen an die Kraich=Bach
neu erbauen laſſen.

Es iſt aber auf Befehl der Churpfälziſchen Regierung dieſer ganz ohnſchädliche
Seeg=Mühl=Bau den 23. Julii 1725. mit 500. Mann Churpfälziſchen Bauren nebſt
Ruinirung deren damalen noch in dem Feld geſtandenen Früchten unter Anführung
des Churpfälziſchen Kellers von Werſchau/ und vielen anderen Bedienten und Amts=
Reutern zu nächtlicher Weil überfallen/ verſchiedene Speyeriſche Unterthanen/
die in dem Feld ihre Früchten gegen das Wild gehütet/ gefänglich mit fortgeſchlep=
pet/ die verſchloſſene untere Thür und Läden der Schneid=Mühl aufgeſchlagen/
und zertrümmert/ die Bänd= und Schlöſſer hinweggenommen/ daß inn= und äuſ=
ſere Mühl=Weeſen gänzlich verhauen/ auch die Seeg ſamt deyn Beſchläg und übri=
gen Eiſenwerk mit fortgeraubet worden.

Man extrahirte hierwider zwar Fürſtlich=Speyeriſcher Seiten ein Mandatum
de non amplius offendendo, ſed reſtituendo factam ruinam & ablata S. C. und ohner=
achtet auch in der Sach uſque ad replicas incluſivè verfahren und dem Herrn Her=
zogen von Würtemberg Commiſſio ad tentandam amicabilem übertragen worden/
ſo erhielte doch das Fürſtliche Hochſtift biß nun zu keine Remedur.

In noviſſimo Tractatu wurde die Hochſtiftiſche Befugnuß in Auffſtellung eines
Mühlen=Gebdues anerkant/ und hierüber demſelben freye Diſpoſition zugeſtanden/
jedoch ohne einige Reſtitution deren durch die angemaßte Demolition verurſachter
Köſten und Schaden ad 8000. fl.

Gravamen XXXI.

betrift

Die in Speyeriſcher Weibſtatter Gemark verübte Territorial-Vio-
lation und Arreſten..

Als im Jahr 1726. der Hochſtiftiſche Beamte und Stadtſchultheiß zu Weib=
ſtatt wegen übel adminiſtrirten Dienſt auſſer Land entwichen/ und dahero auf alle
ſeine Habſchaft/ liegend= und fahrendes Vermögen ein herrſchaftlicher Arreſt geleget
und öffentlich publiciret worden/ ſo hat kurz darauf ein freyherrlich Venningiſcher Jud
von Neidenſtein Namens Käuffle beſagtem Stadtſchultheiſſen 2. Pferd mit dem Wa=
gen abgekauft/ und contra arreſtum Principis heimlich und boßhafter Weiß aus
Weibſtatt hinweg practiciret/ auch ſich zur Reſtitution keineswegs vermögen laſſen/
weshalben man Hochſtiftiſcher Seits ſich anderweit an dieſen Juden erholen
müſſen/ geſtalten ſelbiger hernach/ als man ihn mit Kuppel=Pferden in Weib=
ſtatter ohndiſputirlicher Gemarkung angetroffen/ arreſtiret/ und ihme 3. Pferd
zu Erſetzung des Herrſchaftlichen Cameral-Intereſſe abgenommen worden.

Worauf dann auf Befehl Churpfälziſcher Regierung das Amt Dielsberg ſub
prætextu violati territorii (wo doch das Gegentheil durch eidliche Auſſagen ſehr vieler
Leuten

Leuten dargethan worden) denen Weibstatter Burgeren auf offener Straſſen auf-
paſſen/ und verſchiedene derenſelben gefänglich auf Dielsberg führen laſſen/ wie dann
auch mit vieler gewafneter Mannſchaft in die Waibſtatter Gemarkung eingedrungen
und 3. Pferd nebſt 240. Stück Hämmel mit Gewalt entführet/ und mehr andere
Thätlichkeiten damals ausgeübet worden.

Man würkte hierwider im Jahr 1727. ein Mandatum de relaxandis captivis &
Arreſto reſtitutorium & inhibitorium S. C. aus/ aber ohne alle Würkung.

Denen Waibſtatter Unterthanen hingegen iſt dadurch ein Schaden zugefüget
worden von 1480. fl.

In noviſſimo Tractatu wurde das Territorium Spirenſe in der Waibſtatter Gemark erkannt/ und alſo hierdurch das Verfahren mißbilliget.

Gravamen XXXII.

betrift

**Daß das Churpfälziſche Amt Neuſtatt ſich zeithero angemaſſet, die in
des Hochſtifts Landen über Rhein wohnende Becker und Mül-
lere in ihre Oberzunft zu Neuſtatt zu zwingen.**

Von Seiten Churpfalz wolte prætendiret werden/ daß die in denen Fürſtlichen Landen jenſeits Rheins wohnende Becker und Müller zu der Churpfälziſchen
ſogenannten Ober-Zunft zu Neuſtatt gebannet ſeyn ſolten/ und ob zwar bekantlich
die Anordnung deren Zünften ein Regale Principis iſt/ welches alſo auch dem Fürſtlichen Hochſtift ohnſtrittig zuſtehet/ hierüber mithin an Churpfälziſche Regierung
desfalſige mehrmalige Vorſtellungen geſchehen/ ſo fande dieſes gleichwohl kein Ge-
hör/ ſondern man ſuchte dieſe Anmaſſung mit Arreſten dieſſeitiger Unterthanen/
Hinwegnehmung ihrer Früchten/ Pferd und Geſchirrs durchzutreiben.

In Tractatu noviſſimo wurde die Unbilligkeit dieſes Geſinnens anerkant/ und
die dieſſeitige Becker und Müller von dieſer Ober-Zunft ledig geſprochen.

Gravamen XXXIII.

betrift

**Die von dem Churpfälziſchen Oberamt Neuſtatt zerſtöhrte Grän-
zen der Maycammerer Gemarkung gegen Edenkoben woſelbſt
im Jahr 1714. ein ſogenannter Geſundheits-Bronnen ent-
ſprungen.**

Dieſer ganze Territorial-Streit iſt daher entſtanden/ daß Churpfälziſcher Seits
eine Loch-Höhle/ worin der Bronnen quæſt. gelegen iſt/ zum Scheid der Edikho-
fer und Maykammerer Gemeind angegeben/ und dadurch das Churpfäliſche Territorium behauptet werden wollen/ wohingegen der Maykammerer uralte Rechts-
Spruch

Spruch nichts anderes/ als Gränz- und Schied-Steine bemerket/ welche die Churpfälzische Gemeind Edickhoben mehrmalen selbst mit umgangen hat/ auch gleich An-
fangs des entdeckten Bronnens beyderseitige Gerichtere die Gränz-Steine mit allem
Fleiß untersuchet/ und einstimmig erkennet haben/ daß der Bronnen in der Gemarkung Maycaiminer gelegen seye/ dahero auch die Churpfälzische via facti an den
Bronnen gestellt gewesene Wacht abgezogen/ und die vorher abgetriebene Speyer-
rische 8. Wochen lang ruhig dabey belassen worden/ bis nachhero selbige von Churpfalz ohnerkannter Sachen wieder abgetrieben/ der Bronnen angezogen/ und auf
die andere Churpfälzische Seite geleitet worden.

In jüngsterm Vertrag wurde die Sache der Local-Besichtigung ausgestellet.

Gravamen XXXIV.

betrift
Die von dem Oberamt Neustatt angemaßte Holz-Flötzung auf der
Rehebach im Speyerischen Territorio, auch verschiedene gegen
den Receß de Anno 1742. in Schifferstatter Gemarkung
ausgeübte Contraventiones.

Es hat das Churpfälzische Oberjägermeistrey-Amt im Jahr 1723. die durch
die Schifferstatter Gemarkung fliessende Rehebach Flößbar machen/ und in dem nemlichen Jahr bey 200. Klafter Holz durch gedachte Schifferstatter Gemarkung flößen
lassen/ ohne daß man sich vorhero um die diesseitige Erlaubnuß beworben/ noch
den gebührenden Zoll davon abgeführet hätte; Ob nun dieses eigenmächtige Verfahren von dieser Seiten zwar contradiciret worden/ so hat man gleichwolen Churpfälzischer Seits die Holz-Flöße continuiret/ und dadurch denen Privat-Gemeinds-
Leuten zu Schifferstatt durch die mit dem Flötzen verursachte Ueberschwemmung an
ihren Aeckern/ Wiesen und Bach-Staten grossen Schaden zugefüget/ wo anne-
bens die Churpfälzische Holz-Flötzere mit Ruinirung der Schifferstatter Brucken/
und Pfändung diesseitiger Unterthanen ohnleidentliche Excessen ausgeübet.

Und obwohlen diesertwegen zwischen Churpfalz und dem Hochstift Speyer im
Jahr 1742. ein förmlicher Receß errichtet worden/ so wurde doch solchem in folgenden Zeiten keinesswegs nachgelebet/ sondern es haben diesem zuwider allerhand Pri-
vat-Holzhändler ohne diesseitige Bewilligung geflößet/ den Hochstiftischen Zoll über-
gangen/ und also dem Hochstift Speyer und Dero Unterthanen durch verweigerten Zoll/ Recognition/ und an denen Güthern einen Schaden zugefüget von 2500. fl.

In novissimo Tractatu wurde ex parte Churpfalz versprochen/ dem vorerwehn-
ten Receß gemäß bey Durchflötzung des Holzes sich in Zukunft strak zu verhalten.

Gravamen XXXV.

betrift
Die von einem Churpfälzischen Unterthanen bey dem Winzinger
Gescheid zu Schaden des Hochstifs aufgebaute Mahl-Mühlen.

Es besitzet das Fürstliche Hochstift von uralten Zeiten her eine Erb-Bestands-
Mühle zu Winzingen an der Speyerbach Churpfälzischen Territorii, wovon das

Amt

Amt Deidesheim aus Abgang dortiger Mühlen seine Frucht-Mahlung thun muß; dieser Erb-Bestands-Mühl zum größten Nachtheil hat der Erb-Beständer eine neue Mahl-Mühl ex Conniventiâ des Churpfälzischen Oberamts Neustatt allernächst an jene bauen und aufrichten lassen/ wohingegen derselbe die Speyerische alte Erb-Be-stands-Mühle zu völligem Abgang kommen lasset.

Die zithero diesseits hiergegen gemachte Widersprüche und Vorstellungen hat-ten keinen Verfang/ sondern der Müller wurde vielmehr in seinem ohnerlaubten Vornehmen gestützet.

Auch wurden bey dem in der sogenannten Speyerbach liegenden Wasser-Ge-scheid/ woran vermög eines besonderen Tractats vom Jahr 1568. dem Fürstlichen Hochstift 2. drittel Wasser von der Bach gehöret/ durch Holz-Flößungen und ande-ren ohngebührlichen Unternehmungen der Hochstiftischen Seiten das Wasser sehr geschwächet/ und benommen/ welches dann zu steten Klagen und Beschwerden de-ren diesseitigen an sothaner Bach liegenden Mühlen Anlaß gegeben.

In Tractatu novissimo wurde der neue Mühlen-Bau einer beyderseitigen Com-missarischen Untersuchung ausgesetzet/ bey künftiger Holz-Flößung aber solche Vor-sicht und Remedur versprochen/ daß führohin dem Speyerischen Antheil Wasser kein Abbruch geschehen solte.

Der hieraus erwachsene Schaden belauffet sich auf 818. fl. 54. kr.

Gravamen XXXVI.

betrift

Der Churpfälzischen Gemeind Bayerthal anmaßliche Anspruch an die Speyerische Cameral - Waldung der Metzgerschlag ge-nannt.

Es hat die zum Theil Churpfälzische Gemeind Bayerthal in denen Anno 1734. und 35. fürgewesenen Kriegs-Zeiten sich öfters unterstanden/ in diesseitige ohndis-putirliche und in uraltem ruhigem Besitz hergebrachte Cameral-Waldung der Metz-gerschlag genannt einzufallen/ und viele Klafter Holz zu entwenden/ deren Sistirung aber von jenseits nicht zu erhalten gewesen/ mithin man diesseits nur an einigen auf der That betrettenen die befugte Pfändung fürnehmen können; Es haben aber auch nach erfolgtem Frieden die Einfälle deren Beyerthaler in ernelbten diesseitigen Wald von Zeit zu Zeiten immer continuiret/ und unter andern in anno 1740 einen Di-strict von anderthalb Morgen dieses Walds völlig umgehauen/ und das Holz hin-weg geraubet/ ja auch diesseitigem Schultheissen zugeschrieben/ daß niemand sich unterstehen solte/ in dem quæstionirten Wald Holz zu holen oder darin zu weiden/ gestalten diese Gemeinde endlich gar einen Grenz-Disput erwecket/ und den Wald zum Theil ansprüchig gemacht.

Alle

Alle Beschwehrführungen bey Churpfälzischer Regierung waren umsonst/ und also wurden die Beyerthaler bey ihrem Frevlen connivendo gesteiffet/ die dann den Wald zeithero sehr ruiniret.

Der Schaden davon betraget 4635. fl.

In noviſſimo Tractatu iſt die Sach zur beyderſeitigen Unterſuchung und gütlichen Auskunft ausgeſtellet worden.

Gravamen XXXVII.

betrift

Den Churpfälziſchen Verbott, keinen Wein in denen Hochſtiftiſchen Landen aufzulauffen.

Es hat Churpfalz zu Behinderung des Auflaufs deren Weinen in denen Fürſt-lich-Speyeriſchen Landen allſchon im Jahr 1711. auf das Fuder deren in dem Hoch-ſtift aufgekauft werdenden Weinen einen Impôt von 6. fl. angeleget/ worgegen auch Speyeriſcher Seiten ein gleiches geſchehen/ hierdurch mithin das Commercium zwiſchen beyderſeitigen Landen ſehr gehemmet wurde.

Nach vielfältigen dieſſeitigen Remonſtrationen wurde endlich im Jahr 1737 die-ſer Impôt hinwider aufgehoben/ kaum 5. Jahr hernach aber wiederum erneueret. Ja ſogar auch im Jahr 1748. kurz vor dem Herbſt von 6. fl. auf 15. fl. erhöhet.

In noviſſimo Tractatu iſt dieſer Impôt aufgehoben/ und freyer Handel zwiſchen beyderſeitigen Unterthanen zugeſichert worden.

Gravamen XXXVIII.

betrift

Die verweigerte Recognition deren Churpfälziſchen Unterthanen ab ihren auf der Speyerbach in Territorio Spirenſi flößenden Holz.

Ohnangeſehen das Fürſtliche Hochſtift Speyer ſich vorhin in Poſſeſſione befun-den/ von ſolchen per Territorium Spirenſe auf der Speyerbach durchflößenden Ge-hölzes die gebührende Recognition zu erheben/ ſo hat gleichwohl Churpfalz dem Fürſtlichen Hochſtift dieſes Recht im Jahr 1725. ſtrittig zu machen geſucht/ fremde und ihre Unterthanen/ die ſolche Holz-Flöße geführet/ bey der ungebührlichen Frey-heit mit Gewalt ſouteniret/ hierüber Speyeriſche Unterthanen gefänglich ausgeho-ben/ und in Churpfälziſche Landen gebracht/ die Holz-Flöße oft und vielmals durch Churpfälziſche Soldaten per Territorium Spirenſe begleiten laſſen/ und ſolchergeſtalt das Fürſtliche Hochſtift an Exercirung dieſes ſeines hergebrachten Rechts auf die ohnerlaubte gewalthätigſte Art behindert.

Der

Der dem Fürftlichen Hochftift hierdurch zugewachfene Schaden belauffet fich auf 5786. fl.

In Tractatu noviffimo wurde verglichen/ daß von dem durchflößenden Holz die Recognition wegen Gebrauch der Bach an das Hochftift abgeftattet/ fodann der verurfachende Schaden an denen Bachftaten vergütet werden folte/ wobey der Stadt Neuftatt und St. Lamprecht ein Terminus von 6. Wochen zum Beweiß ihrer vorgeblichen Exemption angefetzet werden folte/ fo aber zur Zeit noch nicht gefchehen.

Gravamen XXXIX.

betrift

Daß das der Speyerifchen Cammer zugehörige Ritterfchaftliche Guth in dem Churpfälzifchen Ort Mutterftatt, als auch der Zehende zu Lambsheim zu Kriegs = Befchwerden angezogen worden.

Es befitzet die Fürftlich-Speyerifche Hof-Cammer zu Mutterftatt/ einem Churpfälzifchen Ort ein Ritterfchaftliches Gut; Ohnerachtet nun folches alfchon zur Oberrheinifchen Ritterfchaft collectable ift/ man auch die Churpfälzifche in denen Hochftiftifchen Landen gelegene Domanial - Güter von allem Beytrag frey belaffen/ fo wurde gleichwohl nicht nur obbefagtes Speyerifche Gut zu Mutterftatt/ fondern auch der Speyerifche Zehende zu Lambsheim in dem letzten Krieg zu Franzöfifchen Fourage Lieferungen angezogen/ worwider keine Vorftellungen Platz gegriffen.

In noviffimo Tractatu wurde verglichen/ daß ex parte des Hochftifts bewiefen werden folle/ daß diefes Gut fchon vor denen Böhmifchen Unruhen der Ritterfchaft incorporirt und collectable gewefen feye.

Gravamen XL.

betrift

Die auf das Speyerifche Cameral-Gut zu Großniedesheim gelegte Churpfälzifche Schatzung.

Obwohlen der mit Churpfalz aufgerichte Vertrag vom Jahr 1709 diefes Gut für Schatzungs = frey erkläret/ fo wurde jedannoch folches würklich zur Schatzung angezogen.

In noviffimo Tractatu wurde die Abfchreibung der aufgelegten Schatzung beliebet.

Gravamen XLI.

betrift

Die Anziehung des Hochftiftifchen Gut zu Billigheim zu Churpfälzifchen ordentlich = und aufferordentlichen Befchwerden.

Auch diefes ab antiquo von allen Auflagen befreyt gewefene Fürftlich-Speyerifche Gut wurde von Churpfalz zur Beet und Schatzung angezogen.

In Tractatu noviffimo wurde diefer Punct eben fo/ wie Gravamen 39. verglichen.

In

Gravamen XLII.

betrift

Die Collectation deren im Oberamt Kirrweiler begüterten Churpfälzischen Unterthanen.

Der im Jahr 1709. errichtete Tractat enthaltet unter anderen §. 4. klar/ daß sämtliche im Hochstift begüterte Churpfälzische Unterthanen sowohl Schatzung als Beet in loco rei sitæ zu zahlen verbunden seyn sollen/ diesem zuwider wurde zeithero theils die Schatzung theils die Beet verweigert. Auf vielfältig hierüber gemachte beschwerende Vorstellungen erfolgte keine Remedur, sondern es hat sogar das Oberamt Neustatt auf Veranlassen des in Hainbacher Gemarkung stark begütert gewesenen Neustatter Amtschreibers mittelst öffentlicher Ausschellung die Zahlung der Beet verbieten lassen.

Ob nun zwar dieses Gravamen in letzterm Vertrag gehoben/ und jenseitige Unterthanen zu Zahlung ihrer Schuldigkeiten ad locum rei sitæ abermal verwiesen worden; So ist dannoch diesseitigen Unterthanen durch derley Schatzungs- und Beet-Rückstand ein Verlust zugegangen von 14986. fl.

Gravamen XLIII.

betrift

Die von denen Einwohnern des Sibeldinger Thals anmassende Exemption von dem Jure detractûs.

Ohngeachtet in dem Vertrag de Anno 1709. expresse enthalten/ daß beederseits Unterthanen das Abzug-Geld oder 10ten Pfenning præstiren/ oder das hergebrachte Gegentheil probiren sollen/ die Sibeldingerthals Unterthanen auch sothane anmaßliche Exemption niemalen darthun können; So hat man gleichwohl solche mit Gewalt durch getrieben/ indeme/ als man mit Exaction des Zehenden Pfennings fürgefahren/ und einem sicheren Friederich Merkel wegen Renitenz des Abtrags ein Stückel Wiesen zu Arzheim versteigeren lassen/ vom Churpfälzischen Amts-Verwalter zu Klingenmünster einem dritten unschuldigen Unterthanen von Eschbach anderthalb Morgen Acker samt der Blum pro 40. fl. versteigt/ und dieser also in den Schaden versetzet worden von 40. fl.

In novissimo Tractatu wurde denen Sibeldinger die Exemption zu Beförderung des Tractats zugestanden.

Gravamen XLIV.

betrift

Die Vorenthaltung deren fünf Achtel Korn von der Churpfälzischen Collectur zu Neustatt.

In dem mit Churpfalz beschlossenen Tractat de Anno 1709. §. 25. ist diese Gült auf die producirte Original-Lehen-Briefe für richtig erkannt worden. Dessen ohnangesehen ist solche unter allerley Ausflüchten biß nun zu nicht entrichtet worden.

Der

Der Rucſſand betraget 196. fl. 50. fr.

In noviſſimo Traſtatu wurde beliebt/ die geiſtliche Adminiſtration ſub Termino peremptorio 6. ſeptimanarum zu vernehmen/ und hierndchſt die Gebühr zu verfügen.

Gravamen XLV.

betrift
Die Verweigerung des Hammel- und Lämmer-Zehendens von der Churpfälziſchen Gemeind Steinweiler.

Es hat das Hochſtift Speyer zu Steinweiler den Frucht- ſowohl/ als unter anderen auch den Lämmer-Zehenden rechtlich hergebracht/ ſolcher iſt auch niemalen in conteſtation gezogen worden/ doch hat die Gemeind die Art und Weiß zu verze-henden angefochten. Es iſt dahero in Anno 1728. auf die dieſſeitig beſchehene Klag vom Oberamt Germersheim ein Beſcheid dahin ergangen/ daß ermeldte Gemeind Steinweiler ſchuldig ſeye/ den groſſen Zehenden von Acker zu Acker zu verzehenden/ auch nach Maasgab der Churpfälziſchen In Anno 1706. emanirten Verordnung den dritten von ihrem Hammel-Viehe zu verzehenden/ wie dann auch daraufhin auf dieſ-ſeitiges Anruffen die würkliche Execution wegen ein- ſo anderm eingelegt worden. Es iſt aber dieſe Execution (ohngeachtet die Urthel in rem judicatam erwachſen wäre) von Churpfälziſcher Regierung Anno 1729. gegen ihre ſelbſteigene Verſicherung zum zweytenmal aufgehoben worden.

Ohnerachtet man nun dieſſeits gegen ſolche Procedur bey Churpfälziſcher Re-gierung mehrmalige Beſchwerde eingebracht/ ſo iſt jedoch darauf weiter keine Reme-dur erfolget/ alſo dem Hochſtift ein Schaden zugegangen von 400. fl.

In noviſſimo Traſtatu wurde dem Fürſtlichen Hochſtift der Beweiß ſuper modo decimandi zugewieſen.

Gravamen XLVI.

betrift
Die anmaſſende Freyheit der Churpfälziſchen Colleſtur-Güter zu Oberluſtatt von dem Zehenden.

Dieſe ſchuldige Zehend-Præſtation iſt zithero von denen Churpfälziſchen Col. leſtur-Gütern aus dem nichtigen Vorwand verweigert worden/ daß die Kirchen-Güter keiner Verzehndung unterworfen ſeyen/ und ob zwar das Fürſtliche Hoch-ſtift in immemoriali Poſſeſſione der Zehend-Perception ab beſagten Gütern ſich be-funden/ auch das Inſtrumentum Renovationis der Oberluſtatter Gemark dieſe Ze-hend-Schuldigkeit beſaget/ und eben dieſes von der Gemeind Oberluſtatt ſelbſt at-teſtiret wird/ ſo ware gleichwohl biß nun zu der Zehnde nicht zu gehaben/ mithin wurde das Fürſtliche Hochſtift verkürzet um 190. fl. 45. fr.

In noviſſimo Traſtatu wurde die Zehend-Freyheit ex parte des Fürſtlichen Hoch-ſtifts zugeſtanden.

Gravamen

Gravamen XLVII.

betrift

Die Verweigerung des Zehendens von denen inn- und ausserhalb des Thiergartens ligenden Gütern.

Gleichwie vermög Gravaminis quarti dieser Thier-Garten ohngezweifelten Territorii Spirensis ist/ also erweiset sich auch hierdurch die Zehend-Schuldigkeit ab denen darinnen oder dabey gelegenen Güetheren.

In Tractatu novissimo wurde die zeither verweigerte Zehend-Entrichtung in Zukunft verbindlich zugesagt.

Gravamen XLVIII.

betrift

Die zweymalige Amotion des Speyerischen Zoll-Stocks bey Waldsee zum Nachtheil des diesseitigen Zoll-Regalis.

Gleichwie man Hochstift Speyerischer Seits vermög Kayserlichen Privilegien berechtiget ware/ den Udenheimer modo Philippsburger Zoll allenthalben im ganzen Hochstift zu verlegen/ und die desfalls mit Churpfalz gehabte Schwürigkeiten durch den Tractat de Anno 1709. sich gänzlich gehoben; Also hat man diesseits in Anno 1710. zur Gemächlichkeit deren Fuhrleuthen ohnweit Waldsee an der Wormser Land-Straß ein Zollhaus bauen/ zugleich aber auch an der von Mannheim auf Speyer gehenden sogenannten Mannsfelder Strassen/ auf diesseitigem Territorio einen Zollstock zu dem Ende aufrichten lassen/ damit auf diesem sonst eigentlich für eine Landstraß nicht angesehenen Weeg der Hochfürstliche Zoll nicht verfahren werden möchte.

Um das Jahr 1715. wolte von der Churpfälzischen Gemeind Neuhofen vorgespiegelt werden/ ob stünde das Zollhaus sowohl/ als quæstionirter Zoll-Stock auf Churpfälzischem Boden/ allein bey einem erhobenen gemeinschaftlichen Augenschein wurde von jenseitigen Deputatis selbst befunden und eingestanden/ daß das Zollhaus nicht auf Neuhofer- sondern Hochstift-Speyerischer Gemarkung stünde.

Gleichwohl hat die Gemeind Neuhofen im Jahr 1722. mit bey sich gehabten Churpfälzischen Bedienten ermelten Zoll-Stock abhauen lassen/ und da solcher von Seiten des Hochstifts wiederum erneuert worden/ ist man ex parte Churpfalz mit 50. Mann regulirten Soldaten in das Fürstliche Territorium eingefallen/ den Zoll-Stock nochmalen weggehauen/ und in Anno 1723. denen Waldseer auf diesem strittig gemachten District die Früchten vom Feld hinweggenommen.

Durch letzterm Vertrag ist das Territorium dem Hochstift/ wie auch die Aufstellung des Zollstocks quæst. zuerkannt worden. Wohingegen der dem Hochstift zugegangene Schaden betraget 4411. fl.

g   Gravamen

Gravamen XLIX.

betrift

Den von Churpfalz bey dem Speyerischen Ort Hayna in dieſſei-
tigem Territorio angeſetzten Zoll-Stock.

Der Diſtrict, worauf der Churpfälziſche Zoll-Stock geſetzet worden/ lieget
vermög des uralten Rechts-Spruchs der Gemeind Hayna/ und juxta antiquiſſimam
Poſſeſſionem im Fürſtlich-Speyeriſchen Territorio, und ware mit ordentlichen Stei-
nen limitiret. Es hat aber Churpfalz von dieſem Diſtrict zu vormaligen Zeiten
viâ facti den Zehenden vorenthalten/ das Territorium angeſprochen/ und ſogar die
alte Marktſteine zerſchlagen und ausgeworfen.

Alles dieſſeitigen Einwendens/ Widerſpruchs und Vorſtellens ohngeachtet konn-
te das Hochſtift in keinem ruhigen Beſitz dieſes Diſtricts verbleiben.

In noviſſimo Tractatu wurde dieſer Punct einer beyderſeitigen Local-Beſichti-
gung ausgeſtellet.

Der dem Fürſtlichen Hochſtift hierdurch zugegangene Schaden belauffet ſich
auf 2900. fl.

Gravamen L.

betrift

Die von denen Unterthanen des Sibelbinger Thals prætendirende
Zoll-Freyheit an ſamtlichen Hochſtiftiſchen Zollſtätten.

Obgleich denen Churpfälziſchen Unterthanen überhaupt Gebürgs-Seiten die
Zoll-Freyheit von ihren in dem Hochſtift erkauffenden oder durchführenden
Conſumtibilien zum eigenen Haus-Gebrauch im Tractat de Anno 1709. §. 2. nur
vorbehalten/ und ſolchem die ausdrückliche Reſtriction beygefüget iſt/ daß ſelbige vom
Handel und Wandel den Zoll bezahlen ſchuldig ſeyn ſollten/ vorhin aber in dem
Vertrag vom Jahr 1521. mit ausdrücklichen Worten verordnet iſt/ daß die
Pfalz-Verwandte: Sie ſeyen von Germersheim/ Zeiskein oder Siebeldünger
Thale an den Speyeriſchen Zöllen von allem dem/ was ſie fürter zu Mark zu ſei-
nem Kauf oder um Lohne führten/ oder zu thun verſchüffen/ wie andere den Zoll
geben ſollten.

So haben dieſem ohnerachtet gemeldte Sibelbinger Thals-Unterthanen von
Anno 1709. her eine illimitirte Zoll-Befreyung an denen Hochſtifts-Zollſtätten ab-
ſolutè prætendiret/ und ſeynd auch von Seiten Churpfalz/ der dieſſeits mehrmalen
beſchehenen Remonſtrationen ohnangeſehen/ in ihrem unbilligen Beginnen Tractats-
widrig geſteiffet worden/ daß alſo dem Hochſtift durch ſothane Zolls-Verweigerung
und practicirte unzählig viele Unterſchleif deren Sibelbinger Thals Eingeſeſſenen
ein Schaden zugewachſen von 13500. fl.

In noviſſimo Tractatu wurde denen Unterthanen des Eibelbinger Thals die
Zoll-Freyheit auf ihrem zum Haus-Gebrauch/ und die in denen Hochſtiftiſchen Landen erkauffende Dinge verwilliget.

Gravamen LI.

betrift

Die exceſſive Zoll-Exaction deren Hochſtiftiſchen Unterthanen an
Churpfälziſchen Zollſtätten.

Gleich nach dem Vertrag de Anno 1709./ in welchem §. 2. beyderſeits beliebet
worden/ daß die Fürſtlich Speyeriſche Unterthanen in denen Churpfälziſchen Aem-
tern/ wann ſie mit Wein und Früchten durchführen oder giengen/ ꝛc. nur den alten Land-Zoll entrichten ſollen/ haben allſchon im Jahr 1711. etliche Churpfälziſche
Zoll-Bediente demſelben darinnen zuwider gehandelt/ daß ſie den Land-Zoll in einem
erhöheten Tax denen dieſſeitigen Unterthanen abgefordert haben/ wie dann die dieſſeitige vielfältige Beſchwehrungs-Schreiben bewähren/ daß Anno 1711. 1715. 1716.
17. 20. 23. 24. 26. & ſeqq. dergleichen Erpreſſungen bald hier/ bald dort oftmals
vorgenommen worden.

In noviſſimo Tractatu wurde der alte gewöhnliche Land-Zoll wiederum beliebet.

Indeſſen ſeynd die Hochſtiftiſche Unterthanen durch die vieljährige Zoll-Ueber-
nehmungen in einen Schaden verſetzet von 1960. fl.

Gravamen LII.

betrift

Die denen Hochſtifts Unterthanen von Berghauſen, Heiligenſtein,
und Harthauſen nicht geſtattet werden wollende Freyheit an
der Churpfälziſchen Zollſtatt bey der Speyermer Warth.

Es iſt in dem Tractat de Anno 1709. §. 2. mit trockenen Worten enthalten/
daß obenerſagte 3. Orthſchaften an eben bemeldten Zoll-Haus indiſtinctim exempt
und frey ſeyn ſolten/ es ſeynd auch gemeldte Orthſchaften bey dieſer ſo feyerlich
paciſcirten Zoll-Freyheit ohne Ausnahm biß ad Annum 1749. folglich bey 40. Jahr
lang ruhig verblieben/ biß erſt neuerlich in ermeldtem Jahr die Churpfälziſche Zöl-
nere ſich unterfangen/ denen Berghäuſern/ Heiligenſtein- und Harthäuſern/ als ſelbige Früchten und ſonſtige Victualien nacher Speyer geführet/ den Zoll abzufor-
dern/ und in Weigerungs-Fall mit Pfändungen zu bedrohen. Es iſt auch von
Seiten des Oberamts Germersheim ſowohl/ als der Churpfälziſchen Regierung auf
dieſſeitige Vorſtellung keine Remedur erfolget/ ſondern man iſt jenſeits auf ſeiner
ohnbefugten Zoll-Exaction immerdar beharret.

In noviſſimo Tractatu wurde die Exemption nach dem 1709ten Vertrag veſtgeſetzet.

Gravamen

Gravamen LIII.

betrift

Die von Sanct Lamprecht an denen Fürstlich-Speyerischen Zoll-
Stätten prætendirende Freyheit.

Ohnangesehen vigore Tractatûs de Anno 1709. das Hochstift auch zu Grevenhausen einen Zoll-Stock aufrichten lassen/ so hat gleichwohl die Universität zu Heidelberg denen St. Lamprechter bedeuten lassen/ daß sie weder zu Grevenhausen/
noch auch in dem ganzen Hochstift den Zoll bezahlen solten.

Und als solchemnach in Anno 1722. das Ober-Amt Kirrweiler zweyen St. Lamprechter Unterthanen wegen zu Grevenhausen nicht verzolltem Wein 15. fl. Straf
angesetzet/ hat man Churpfälzischer Seits sich der Universität und Gemeind St. Lamprecht auf alle Wege ernsthaft angenommen/ und ist alsofort zu Rechts-widrigen
Represalien geschritten/ wie man dann den Fürstlich-Speyerischen Zoller Sauer-
bronn ohnweit Neustatt gefänglich aufgehoben/ und zu Neustatt 53. Tag in Arrest
behalten.

Durch welches Gravamen dem Hochstift und dessen Unterthanen ein Schaden
zugegangen von 2390. fl.

In novissimo Tractatu wurde diese Zoll-Exemption auf den Haus-Gebrauch
verstattet.

Gravamen LIV.

betrift

Den von Seiten Churpfalz einseitig und armatâ manu bey Obergrombach diesseitigen Territorii aufgestellten Wehr-Zoll-Stock.

Durch den in Anno 1709. errichteten Vertrag ist der Churfürstlichen Pfalz
zugestanden worden/ in dem Hochstiftischen Städtlein Obergrombach auf gewisse
Maas/ und in Beyseyn eines diesseitigen Deputati oder Beamtens einen Wehr-
Zoll-Stock aufzurichten/ von einer Churpfälzischen Geleits-Gerechtigkeit aber daselbsten ist vor- in- und nach ermeldtem Tractat niemalen einige Anregung besche-
hen/ bis dahin in Anno 1723. das Churpfälzische Oberamt Bretten propriâ autho-
ritate, & insalutatis Spirensibus sich unterstanden/ einen Wehr-Zoll-Stock zu Obergrombach zu setzen/ auch auf dem angehefteten Zoll-Blech die neuerliche Inscription:
Chur Pfalz Zoll und Geleit/ mahlen zu lassen.

Nachdeme man aber diesseits sich vernünftiget gesehen/ sothanen einseitig ge-
setzten/ und mit so nachtheiliger Inscription versehenen Wehr-Zoll-Stock ausgraben
zu lassen; So ist in folgendem Jahr besagtes Ober-Amt mit wenigstens hundert
Mann Ausschuß gewafneter Hand in diesseitiges Territorium eingefallen/ und berührten Zoll-Stock mit der præjudicirlichen Auffschrift gewaltsamer Weiß/ ohne Rucksicht
auf mehrmalen beschehene Protestationen wieder eingesetzet/ nicht minder wurde in

Anno

Anno 1738. das Zoll-Blech einseitig wieder erneuert/ auch ein anderes Zoll-Blech mit vorberührter Auffschrift contra antiquam possessionem, observantiam & Tractatum an des Zollers Haus angeschlagen/ ja würklich ein neuer Actus Juris conducendi auf diesseitigem Territorio mittelst Arretirung eines mit dem Churpfälzischen Taschen-Geleit nicht versehen gewesenen Judens exerciret.   Ferners ist gedachtes Oberamt/ als man diesseits die beyde Blech herunter nehmen lassen/ mit 8. Mann zu Pferd und 32. Mann zu Fuß abermalen in hiesiges Territorium eingefallen/ und das Blech mit der nachtheiligen Ueberschrift wieder anschlagen lassen.

Die wider diese Territorial-Violationes per Notarium & Testes eingelegte protestationes, und vielfältige bey Churpfälzischer Regierung gemachte Vorstellungen waren vergeblich/ und ohne alle Würkung.

In novissimo Tractatu wurde verglichen/ daß der Zoll-Stock zwar verbleiben/ das Wort Geleit aber auf dem Blech hinweg gelassen werden solle.

Gravamen LV.

betrift

Daß Churpfälzischer Seits der Speyerische Gerichts-Schreiberey-Platz in dem Fürstlich-Speyerischen Ort Altenstatt zu einem Zoll-Haus angesprochen werde.

Bald nach dem in Anno 1709. errichteten Vertrag/ in welchem §. 5. der Churpfälzische Antheil an der Gemeinschaft Altenstatt mit allen und jeden Appertinentien dem Hochstift Speyer gegen andere Hochstiftische Orthschaften abgetretten/ und dem Churhaus nur allein der Zoll daselbsten vorbehalten worden/ hat der Churpfälzische Zoller zu Altenstatt einen gewissen mitten im Dorf gelegenen Platz/ der Gerichtsschreiberey-Platz genannt/ in Anspruch genommen/ und vermittelst Erbauung einer neuen Scheuer/ und Translocirung des vor dem Ort bis dahin gestandenen Zollstocks auf den strittigen Platz sich in einen vermeyntlichen Besitz zu schwingen gesucht.   Man hat dahero bey Churpfälzischer Regierung die Abstellung dieses Gravaminis mehrmalen nachgesucht/ es ist auch endlich der Platz in Augenschein genommen/ und viele Zeugen darüber eydlich abgehöret worden.

Gleichwohlen ist diese Beschwerde nicht allein ohnerledigt geblieben/ sondern es hat auch Churpfälzische Hof-Cammer in Anno 1735. bey damaligen Kriegs-Unruhen eine Commission nacher Altenstatt abgeschicket/ das Gericht daselbst versammlen/ einige cum Permissu des Hochstifts bereits in Anno 1716. überbaute Plätz æstimiren lassen/ und vermög den 25sten Februarii 1735. zu Mannheim ausgefertigten Kauf-Briefs solche/ diesseitiger Protestationen ohnerachtet/ würklich verkauft und dem Hochstift dardurch einen Schaden veranlaßt von 180. fl.

In novissimo Tractatu wurde die Vernehmung der Churpfälzischen Hof-Cammer/ und demnächstiger Verfügung der Gebühr beliebet.

h   Gravamen

Gravamen LVI.

betrift

Die von Churpfälzischen Zöllern nicht regardirt werdende Speyerische Zoll-Freyheits-Patenten, auch die von Churpfälzischen
Unterthanen an diesseitigen Zollstätten verweigerende Tractats-
mäsige Legitimation.

Ohnerachtet der Tractat de Anno 1709. klar und deutlich enthaltet/ daß all
diejenige Gefäll/ Renthen ꝛc. ꝛc. und was sonsten beyde Höchste Pacifcenten zum Gebrauch ihrer Hofhaltung verführen lassen würden/ an beyderseitigen Zollstätten gegen Aufweisung eines Patents Zoll-frey passiret werden solten; So ist doch von
Seiten Churpfalz solches vielmalen infringirt worden. Es würde allzu weitläufig
fallen/ solche Tractats-widrige Zoll-Exactionen dahier anzuführen.

In novissimo Tractatu ist der Vertrag von Anno 1709. wiederholet und bestättiget.

Gravamen LVII.

betrift

Die anmaßliche Zoll-Freyheit deren Churpfälzischen Unterthanen
und Juden des Oberamts Bretten von ihren Handels-Waa-
ren gegen den Tractat de Anno 1709.

Es ist in dem Vertrag de Anno 1521. klar versehen/ daß beyderseitige
Oberamts-Einwohner zu Bretten und Bruchsal von ihren Haus-Consumptibilien
und Crescencien zwar vom Zoll gegen einander befreyet seyn/ dahingegen aber vom
Kauf/ Handel/ und Gewerben oder Zoll-baren Gütheren den gewöhnlichen Zoll
entrichten solten/ wie dann dieses auch in dem Tractat de Anno 1709. §. 2. durchaus bestättiget ist.

Als nun einige Einwohner im Oberamt Bretten sich als Factors von fremden
und zum Theil oberländisch- und schweitzerischen Kaufleuten gebrauchen liessen/ und
somit deren Kauf-Waaren sub Prætextu der Brettener Zoll-Freyheit durch das Hochstift und Churpfälzische Landen selbsten durchführeten/ und man Hochstiftischer
Seits diesem Unfug und Tractat-widrigen Unterschleiffen mittelst Erlassung eines
Befehls an die Zollstätte zu steuren suchte/ seynd von Seiten Churpfalz alsbald
Bedrohungen und Pfändungen ausgebrochen/ wordurch man genöthiget worden/
dem Mißbrauch zu conniviren/ dadurch aber dem Fürstlichen Hochstift ein Schaden zugegangen von 6000. fl.

In Tractatu novissimo wurde der Zoll denen vorherigen Tractaten gemäß auf
die Haus-Consumption restringiret.

Gravamen

Gravamen LVIII.

betrift

Den Conductum simultaneum in dem Oberamt Kirrweiler und Amt Marientraut, nebſt denen dabey vorgegangenen Thät-lichkeiten.

In dem Tractat de Anno 1709. iſt verſehen/ daß die Geleits-Führung in dieſ-ſeitigem Territorio von denen Churpfälziſchen und Hochſtiftiſchen Beamten conjun-ctim & ſimultaneè geſchehen/ und ſolches Vorhaben von einem Theil dem andern in Zeiten notificiret werden ſolle. Es ſeynd aber von Churpfälziſchen Unterthanen bey auf- und abgeführten Geleit zwiſchen Geinsheim/ Dainhofen und Lachen all-ſchon die gröbſte Exceſſen verübet worden/ wie dann auch im Amt Marientraut die Churpfälziſche/ um nur das Hochſtift von dem ſimultaneo conductu abzuhalten/ bald einige Täge früher/ bald ſpäter ohne vorherige Notification das Geleit auffführen/ und aller dargegen gethanen per Notarios und das Amt beſchehenen Proteſtationen ohn-erachtet die ordinaire Geleits-Straſſen verlaſſen/ und die ſogenannte Mannsfelder Straſſen beritten/ woanbey der Churpfälziſche Zollbereuther nicht allein dieſſeitige Ge-leits-Reuther ſchon mehrmalen in Arreſt zu nehmen bedrohet/ ſondern ſich gegen die Hohe Perſon Seiner Hochfürſtlichen Eminenz mit ſchändlichen Worten vergan-gen/ ja auch noch von jüngeren Jahren her die dieſſeitige Geleits Reuter und Beamten ſchimpflich und theils mit Schlägen tractiret; Welches alles Churpfälziſche Regie-rung conniviret und denen hierüber gethanen vielfältigen Beſchwehr-Führungen kein Gehör gegeben. Dahero das Oberamt Neuſtatt biß nun zu den Tag der Geleits-Auffführung dieſſeitigen Ober- und Remteren Tractat-widrig nicht notificiret.

In noviſſimo Tractatu wurde der Vertrag von Anno 1709. erneuert.

Gravamen LIX.

betrift

Die von Churpfalz Tractat-widrig unterlaſſene Notification der Meß-Geleits-Auffführung, auch prætendirenden Conduct bey Criminal-Executionen.

Der Tractat von Anno 1709. §. 3. ſchreibt deutlich vor/ daß das Meß-Geleit in Territorio Spirenſi auf denen ordentlichen Geleits-Straſſen von Churpfalz und dem Hochſtift ſimultaneè aufgeführet/ und hierzu der Tag beyderſeits concertiret werden ſolte; keines von dieſen aber wurde zeithero von Seiten Churpfalz beobach-tet/ mithin weder der Tag vorhero behörig notificiret/ noch die Begleitung des Hoch-ſtifts angenommen/ noch auch die ordentliche Geleits-Straſſen gehalten/ und zu-weilen das Geleit ſogar zu Mitternacht auf Nebenweeg geführet/ um dadurch das dieſſeitige Mit-Geleit zu behindern; Und obwohlen Churpfalz auſſer dem Meß- und Juden-Geleit/ vermög angezogenen Tractats ſonſt keine Geleits-

Gerech-

Gerechtigkeit in dieſſeitigen Landen zuſtehet / ſo wurde jedannoch der ordentliche Conductus bey dieſſeitigen Criminal-Executionen prætendiret / und hierzu verſchiedeneinalen ſolche Veranſtaltung gemacht / daß mit 100. Mann regulirter Soldaten in das Hochſtift eingeruckt / und der Ausführung der Delinquenten aufgelauert worden. Deme man aber von Seiten des Hochſtifts auszuweichen gewußt.

In Tractatu noviſſimo wurden die Exceſſen abgeſtellet / und die künftige Geleits-Führung nach dem Tractat de Anno 1709. abermalen veſtgeſetzet.

Gravamen LX.

betrift
Die ab Seiten Churpfalz geſtöhrte dieſſeitige Geleits-Gerechtigkeit im Amt Philippsburg.

Es iſt das Hochſtift Speyer von alten Zeiten her berechtiget / das Franckfurter Mieß-Geleit biß auf die Churpfälziſche Hockenheimer Brucken zu führen / iſt auch darin niemalen turbirt / ſondern dieſe Poſſeſſio dardurch beſtärket worden / daß beederſeitige mehrmalige Auslieferungen deren Delinquenten in Loco quæſtionis geſchehen.

Dieſer ſo klaren Befugnuß entgegen hat Churpfalz dieſe Geleits-Aufführung unbefügter und neuerlicher Dingen widerſprochen / ja auch denen dieſſeitigen Geleits-Reutheren im Ruckmarſche von dieſer Brucken auf offener Landſtraſſen übel begegnen und bedrohen laſſen / daß / wofern ſie noch einmal das Geleit bis auf die Hockenheimer Brucken führen würden / ſie alle in Arreſt genommen werden ſolten.

Es haben auch hernachſt die Churpfälziſche Geleits-Reuter zu Behinderung der dieſſeitigen Geleits-Aufführung biß auf die Hockenheimer Brucken ſich jedesmal bey einer Viertelſtund weit von dieſer Brucken auf die Hockenheimer Gemarck-Scheidung angeſtellet / und daſelbſt das Geleit abgenommen.

In noviſſimo Tractatu wurde dieſer Punct zur beyderſeitigen commiſſariſchen Unterſuchung ausgeſetzet.

Gravamen LXI.

betrift
Die von Churpfalz prætendirende Geleits-Gerechtigkeit auf Speyeriſcher Büchiger Gemarck.

Der Tractat de Anno 1709. enthaltet mehrgemeldter maſſen §. 3. daß Churpfalz auſſerhalb des Meß- und Juden-Geleits im Hochſtift Speyer beederſeits Rheins kein Geleit zu exerciren habe. Ex depoſitione jurata alter Leuten iſt auch erweißlich / daß Churpfalz auf Büchiger Gemarkung nimmermehr einige Geleits-Gerechtigkeit prætendiret / weniger exerciret habe; Wie dann auch verſchiedene Delinquenten in

Annis

Annis 1710. 1730. und 1737. von Bauerbach auf Bruchſal ausgeliefert worden/ ohne daß Churpfalz ſich einigen Geleits angemaſſet/ oder das mindeſte im Weeg geleget hätte.

Dieſem allem aber entgegen hat das Churpfälziſche Oberamt Bretten im Jahr 1747. unter dem Vorwand des Geleits einen auf ohnſtrittig Speyeriſchem Territorio an der Büchiger Gränz gelegenen Todten-Cörper/ ohnangeſehen dieſer Actus in die Criminal-Jurisdiction und keineswegs in die Geleits-Gerechtigkeit einſchlaget/ durch eine Anzahl Churpfälziſchen Geleit zu Pferd und zu Fuß hinwegnehmen laſſen. Worgegen zwar beym Oberamt Bretten ſowohl/ als Churpfälziſcher Regierung die behörige Remonſtration und Proteſtation/ aber ebenfalls fruchtloß/ beſchehen.

In noviſſimo Tractatu iſt wegen dem Geleit der Tractat de Anno 1709. beſtätiget worden/ Kraft deſſen die Erhebung der Todten-Cörper Churpfalz in Territorio Spirenſi ſub Prætextu Juris conductûs nicht zuſtehet.

Gravamen LXII.
betrift
Den Marſch Churpfälziſcher Truppen durch die Hochſtifts Lande ohne vorherige Notification.

Jn eröftertem Tractat de Anno 1709. iſt §. 3. enthalten/ daß wann bewehrte Mannſchaft/ Heer und Kriegs-Völker Regimenter-weiß durch die Hochſtiftliche Landen marchiren/ alsdann von denen commandirenden Officiers vorherige Notification an die Fürſtlich-Speyeriſche Regierung geſchehen/ und der Tranſitus innoxius ſeyn ſolle.

Dieſem zuwider ſeynd von Churpfälziſcher Seiten in denen Jahren 1742. 43. 45. 47. und 1749. und noch zu jüngſteren Zeiten derley Durchmärſche/ vorhin aber eigenmächtige Einquartirungen und anmaßliche Regulirungen der Mund- und Pferd-Portionen mehrmalen Theils ohne - Theils allzuſpat beſchehene Notificationen in denen Hochſtiftiſchen Aemtern Kislau und Rauenberg unternommen/ auch dieſſeitige Unterthanen öfters erbärmlich mit Schlägen tractiret/ und denenſelben das Geflügel in der Menge hinweggenommen/ ſofort andere unnachbarlich- und Tractats-widrige Exceſſen ausgeübet worden.

Es ſeynd zwar hiergegen mehrmalige Beſchwehr- und Proteſtations-Schreiben an Churpfälziſche Regierung ja Jhro Churfürſtlichen Durchleucht ſelbſt geſchehen/ hierauf aber niemalen einige Remedur, weniger Satisfaction erfolget/ daß alſo denen Hochſtiftiſchen Unterthanen/ ſo viel in der Geſchwinde hat angegeben werden können/ ein Schaden zugefüget worden von wenigſtens 129. fl. 12. kr.

In noviſſimo Tractatu wurde die vorherige Notification/ wie auch die Remedur ratione deren Exceſſen verſprochen.

f   Gravamen

Gravamen LXIII.

betrift

Die ohnrequirirte Durchführung Churpfälzischer Gefangenen durch
das Fürstlich = Speyerische Territorium.

Nach Innhalt des Tractats de Anno 1709. §. 58. solle die Durchführung deren Gefangenen auf beyderseitigen Territoriis nicht anderst / dann prævia Requisitione geschehen.

Diesem entgegen seynd zeithero viele Churpfälzische Gefangene unter militarischer Begleitung sogar auch durch die Fürstliche Residenz Statt Bruchsal ohne Requisition geführet worden.

Man hat zwar diesseits ohnermangiet/ bey Churpfälzischer Regierung sich über solche Tractats-widrige Proceduren zu beschwehren / hierauf aber weder Antwort weniger die Remedur erhalten können.

In novissimo Tractatu ist künftige vorgängige Requisition zugesagt worden.

Gravamen LXIV.

betrift

Die ex Parte Churpfalz ohne Manumission beschehene Annahm
Fürstlich = Speyerischer Leibeigenen, wie auch die Ertheilung
der Manumissions = Scheinen.

In Tractatu de Anno 1709. §. 1. ist versehen/ daß zu Vermeidung neuer Jrrungen kein Leibeigener ohne von beyderseitigen Regierungen ausgefertigten Manumissions=Schein angenommen/ sondern bis dahin lediglich abgewiesen werden solle.

Es seynd aber von Anno 1727. her verschiedene diesseitige leibeigene Unterthanen von Churpfalz ohne Manumission auf= und angenommen worden/ und ob man sich schon hiergegen bey Churpfälzischer Regierung mehrmalen beschweret/ so hat man gleichfalls hierauf keine Remedur erhalten.

In novissimo Tractatu wurde pro futuro die Tractat-mäsige Vorkehr de Anno 1709. zugesagt.

Gravamen LXV.

betrift

Daß in denen Hochstifts Landen Churpfälzischer Seits Unterthanen als Leibeigene angezogen, auch von solchen Bastard=
Fälle prætendiret werden.

Ab dem Tractat de Anno 1709. §. 1. ist ersichtlich/ daß Churpfalz sich sonderheitlich des Rechts des Bastard=Falls in Hochstifts-Landen begeben/ und solches dem Hochstift übertragen habe.

Gleichwol

Gleichwohl wurde von Churpfalz diesem entgegen gehandlet/ und ein solcher Bastard-Fall im Jahr 1732. würcklich ad motum gebracht/ deme man sich aber entgegen gestellet/ und solchen zernichtiget.

In novissimo Tractatu wurde der Vertrag von Anno 1709. bestättiget.

Gravamen LXVI.

betrift

Die von Churpfalz prætendirende Kuppel- und andere Jagd in sicheren Hochstiftischen Gemarks-Districten zu St. Leon, Roth, und Rauenberg.

Ohnerachtet man Hochstiftischer Seits vermög Kißlauer Schloß- auch Rotenberger Amts-Lager-Bücher de Annis 1559. & 1595. auch der viel hundertjährigen ohnturbirten ruhigen Possession die Forst-Obrigkeit/ auch alle Jagd- und Fischerey-Gerechtsame in ganzer Kißlauer und Rotenberger Amts-Gemarkung und Bezirk alleinig hergebracht; So ist gleichwohlen durch die Churpfälzische Forst- und andere Bediente die anmaßliche Kuppel- und andere Jagden/ in St. Leon- Roth- Malsch- Rauenberg- Rotenberg- und Dielheimer diesseitigen Gemarkungen in Annis 1709. 15. 17. 19. 20. 22. 24. 25. 27. 31. 38. 39. und 1749./ deren jedesmal dargegen beschehenen Protestationen ohnangesehen/ mehrmalen violenter exerciret/ mit Leuten/ Hund/ und Zeug durchtrieben/ auch darinnen geschossen/ und sehr viele Pfändungen/ Verwundungen/ und andere ohnerlaubte Excessen gegen diesseitige Unterthanen unternommen worden. Man ist diesseits sothanem gewaltsamen Unterfangen sich zu widersetzen jederzeit zu schwach gewesen/ sondern hat sich jedesmal protestando verwahren müssen. Dem Hochstift und dessen Unterthanen ist durch dieses Churpfälzische ohnbefugte gewaltthätige Unternehmen an Feld-Früchten und in andere Wege ein ohnerforschlicher Schaden zugegangen.

In novissimo Tractatu ist dieser Punct zur beyderseitigen commissarischen Einsicht und gütlichen Abgleichung ausgestellet.

Gravamen LXVII.

betrift

Die von der Probstey Hördt modo Churpfalz prætendirende Jagd-Gerechtigkeiten in Speyerischen Rülzheim- und Herxheimer Gemarken.

Vermög Tractat vom Jahr 1709./ und einer Besorchung/ und Regulativ von 1549. ist diesseits verstattet worden/ in sicheren benannten Feldern mit Jagd- und Wind-Hunden alle Vierteljahr zweymal zu jagen.

Diesem

Diefem aber zuwider hat Churpfalz von Anno 1714. an nicht allein diefe Jagd beftåndig zu exerciren angefangen/ fondern auch weder Heeg-Zeit gehalten/ noch denen im Feld ftehenden Früchten verfchonet/ auch in anderen in der Beforchung nicht benannten Diftricten eigenmächtig gejaget/ annebft denen Herrhelmer Lerchen-Fångern die Lerchen abgenommen.

In noviſſimo Tractatu wurde die Jagd nach dem Tractat de Anno 1709. beftåtiget und reftringiret.

Gravamen LXVIII.

betrift

Die Churpfälzifche Anmaſſung der Jagd- und Fifcherey-Gerechtigkeit in verfchiedenen Diftricten des Amts Marientraut.

Es ift das Fürftliche Hochftift in antiquiſſimâ & nunquam turbatâ Poſſeſſione der Jagd- und Fifcherey-Gerechtigkeit in denen Marientrauter Hochftifts Heimarfungs-Diftricten zu Hanhofen/ Duttenhofen/ Waldfee/ Harthaufen/ auf denen Ganerben/ in dem fogenannten Duttenhofer Streit-Wald und fonftiger Orten/ ex parte Churpfalz aber nimmermehr einige Jagd- und Fifcherey-Gerechtigkeit in diefen Heimarken prætendiret worden.

Dahingegen von dem Jahr 1715. her feynd durch die Churpfälzifche Jägere/ Forft- und andere Bediente die unendliche Jagd- und Territorial-Violationen mit Hezen/ Jagen/ Schiefen/ und Fifchen/ auch ohnerlaubte Pfåndungen/ gewaltthåtige Arreften/ und fchädlichfte Exceſſen in bemelbten Diftricten und dieſſeitig ohnbifputirlichen Territorio unternommen und ausgeübet/ auch deren dieſſeitigen ofters-maligen Proteftation- und Remonftrationen ohnangefehen/ niemalen einige Antwort/ weniger Satisfaction gegeben/ und Remedur verfchaffet worden/ es ift alfo hierdurch denen Hochftiftifchen Unterthanen/ ohne was gnädigfte Herrfchaft felbften erlitten/ ein Schaden erfolgt von 500. fl.

In noviſſimo Tractatu ift diefer Punct zur Befichtigung deren Diftricten und gütlichen Beylegung ausgeftellt.

Gravamen LXIX.

betrift

Daß Churpfälzifcher Seits gegen den Vertrag de Anno 1709. einfeitig Inquifitionen und Beftraffungen deren Wildfrevleren, fo in Waldungen, wo dem Hochftift das Territorium und Jus foreftale, Churpfalz aber die Jagd zuftehet, fich betretten laſſen, vorgenommen worden.

Der Tractat de Anno 1709. enthaltet §. 18. mit klaren Worten/ daß wann in denen Waldungen/ worinn dem Hochftift Speyer das Territorium, Churpfalz aber

aber die Jagd gebühret/ ein Wildprets=Dieb ertappet würde/ solcher an das näch=
ste Speyerische Ort gebracht/ und daselbsten in solang verwahrlich aufbehalten wer=
den solle/ biß von Seiten Churpfalz die Requisition um deſſen Auslieferung geſche=
he/ welchemnach das Hochstift die Extradition thun/ anbey aber befugt seyn solle/
bey extraordinair- sowohl/ als ordinairen Jagd=Rugen jemanden mitbeyzuſetzen.

Dieſem gerad zuwider haben die Churpfälziſche Forſt-Knechte mehrmalen ver=
ſchiedene Leut wegen beſchuldigter Wilddieberey selbst zu Arrest gebracht/ ohne solche
Tractat-mäſig an das nächſtgelegene Speyeriſche Ort zu bringen/ und die Auslie=
ferung behörend zu requiriren/ sondern dieſe immediatè auf Mannheim und an=
dere Orte geführet/ wo ohne Zuziehung eines Deputati vom Hochstift die Unterſuch=
und Beſtraffungen vorgenommen/ und diesſeitiger Contradictionen ohngeachtet nebſt
langwüriger Gefangenſchaft wir hatten und ſchweren Straffen gegen sie verfah=
ren worden.

In noviſſimo Tractatu wurde auf den Tractat de Anno 1709. remittiret.

Gravamen LXX.

betrift

Daß Churpfälziſcher Seits contra Tractatum de Anno 1709.
Fürstlich=Speyeriſche Unterthanen von Schifferſtatt und Wald=
ſee zur Churpfälzischen Wald=Rug nacher Neuſtatt citiret,
ihnen einſeitige Straffen angeſetzet, und mit Arreſt gegen sie
verfahren worden.

Zu dem Tractat de Anno 1709. iſt in Puncto Juris foreſtalis über die denen
Speyeriſchen Orthſchaften Schifferſtatt= und Waldſee zugehörige Waldungen (wo=
rin Churpfalz die Jagd=Berechtigkeit competiret) §. 18. deutlich verſehen/ daß dem
Hochstift in sothanen Waldungen die Cognitio, Punitio, Jurisdictio über Wald= und
Forſt=Frevel nebſt aller Landesfürſtlichen Obrigkeit privativè verbleiben ſolle.

Dieſem aber hat das Churpfälziſche Oberamt Neuſtatt nicht nur durch mehr=
malige Citationen dieſſeitiger Unterthanen von Schifferſtatt und Waldſee für die
Churpfälzische Wald=Rug auf Neuſtatt/ sondern auch würcklich derſelben Beſtraf=
fung entgegen gehandelt/ auch sogar solches Tractats=widrige Unternehmen in Annis
1725. 29. 30. & seqq. mit Gewaltthätigkeiten unterſtützet/ ſtarke Pfändungen mit
Violirung des Speyeriſchen Territorii an Hand genommen.

In noviſſimo Tractatu iſt dasjenige beſtättiget/ was der Vertrag von Anno 1709.
beſaget.

Gravamen LXXI.

betrift

Deren Churpfälziſchen Unterthanen zu Reylingen in dieſſeitigen
Hochstiftiſchen Waldungen zu St. Leon verübte Holz=Frevel.

Es seynd die Reylinger Gemeinds=Leuthe in Annis 1745. und 46. oft und viel=
mal in dieſſeitigen Herrſchaftlichen Wald zu St. Leon eingefallen/ und haben dar=
innen

f

innen mittelſt Entführung einer groſſen Menge Holzes groſſen Schaden verurſachet. Und als man denenſelben einige Pferd abgepfändet/ unterſtunden ſie ſich/ die Pferd aus dem dieſſeitigen Ort St. Leon wieder zu entführen. Ja dieſelbe waren ſo vermeſſen/ daß ſie unter Begleitung deren damals bey ihnen gelegenen Kriegs-Trouppen zu hundert-weiß in den Wald eingefallen/ und in die 3967. Stämm al-lerhand Gattung Holzes hinweggeraubet.

Ohnerachtet nun auf beyderſeits beſchehenen Augenſchein das Churpfälziſche Oberamt Heidelberg den enormen Schaden von ſelbſten anerkant/ man auch dieſſeits bey der Churpfälziſchen Regierung/ ja Ihro Churfürſtlichen Durchleucht ſelbſten mehrmalen um die billigmäſige Entſchädigung angeſtanden/ ſo iſt doch der Erſatz niemalen erfolget/ ſondern das Hochſtift in einem Schaden erſitzen blieben von 2528. fl. 14. kr.

In noviſſimo Tractatu wurde von Seiten Churpfalz pro indemniſatione des entführten Holzes die Gemeind Reylingen zu Erſtattung 600. fl. ſchuldig erklä-ret/ zeithero aber noch kein Heller abgeführet.

Gravamen LXXII.

betrift
Daß die Stadt Waibſtadt in Tractat-mäſiger Erhebung des Weeg-Gelds von Churpfalz mehrmalen geſtöret worden.

Es iſt die Stadt Weibſtadt von mehreren Sæculis her berechtiget/ das Weeg-Geld bey Waibſtadt zu erheben/ iſt auch durch Kayſerliche Privilegia ſowohl/ als den Tractat de Anno 1709. §. 7. dabey beſtättiget worden.

Dieſem ſchnurſtracks zuwider und ohnangeſehen die Stadt Weibſtadt Weeg und Straſſen zu unterhalten/ mithin auch das Recht hat/ von denen Paſſanten/ es mögen ſolche durch- oder an der Stadt vorbey paſſiren/ das Weeg-Geld zu erheben/ haben die Churpfälziſche im Jahr 1727. das Weeg-Geld zu entrichten ſich gewei-gert/ ja es ſuchten unter andern die Juden dieſe der Stadt Weibſtadt zuſtändige Gerechtſame dadurch zu eludiren/ daß ſie nicht durch- ſondern neben der Stadt vor-bey paſſiret/ und ſolchergeſtalten derſelben das Weeg-Geld zu entziehen getrachtet.

In noviſſimo Tractatu iſt die Erhebung des Weeg-Gelds nach dem Tractat von Anno 1709. der Stadt Weibſtadt zugedacht.

Gravamen LXXIII.

betrift
Daß der Speyeriſchen Gemeind Harthauſen der gebührende Weid-gang in denen ſogenannten Streit- oder Hard-Aeckern nicht ge-ſtattet, und ſie desfalls zur Wald-Rug-Straf gezogen wer-den wollen.

Als im Jahr 1728. Schultheiß und Gericht unter die Erb-Beſtändere des im Hochſtiftiſchen Territorio und Harthäuſer Gemarkung gelegenen/ der Churpfälzi-ſchen

ſchen Adminiſtration zugehörigen Guts einige darzu gehörige am Streit-Acker her⸗
ziehende Hecken zu Wellen und Zaunmachen austheilen wollen/ haben dieſe daſelbſt
einen kleinen Stein angetroffen/ wordurch ſie veranlaſſet worden/ dieſen Stein/
um nicht über ihre Limiten zu ſchreiten/ zu heben/ welches bey Churpfalz ange⸗
bracht/ und der Schultheiß von der Churpfälziſchen Wald-Rug-Commiſſion in eine
Straf von 40. fl. fällig erklärt/ und 5. Tag in Arreſt behalten worden/ biß der⸗
ſelbe, dieſer 40. fl. halber Caution geſtellet hatte/ da doch dieſes/ wann es auch ein
Frevel geweſen wäre/ wie er doch nicht ware/ dem Jurisdictional-Herrn und nicht
dem Eingenthümer des Walds zu beſtraffen/ gebühret hätte.

Sodann hat das Churpfälziſche Forſt-Amt im Jahr 1736. der Gemeind Hart⸗
hauſſen den uralt hergebrachten Viehe-Trieb in denen Hard⸗ oder Streit-Aeckern
unterſagt/ auch derſelben in Anno 1739. um deswillen 110. fl. 10. kr. Straf anzu⸗
ſetzen ſich incompetenter beygehen laſſen.

Ob man nun zwar mehrmalen an ſeiner Behörde dieſſeits die billige Vorſtel⸗
lungen gethan/ ſo iſt gleichwolen dieſe bedrangte Gemeind Harthauſen an ihrem
Weidgang immerfort gewaltthätig verkürzet/ dadurch aber in einen Schaden ver⸗
ſetzet worden von 500. fl.

In noviſſimo Tractatu iſt dieſe Beſchwerde zur beyderſeitigen Local-Einſicht/
und gütlichen Auskunft ausgeſtellet worden.

Gravamen LXXIV.

betrift
**Daß der Gemeind Schifferſtatt in ihren eigenen Waldungen und
Gemark das gebührende Weid-Recht von Churpfälziſchen Jä⸗
geren nicht geſtattet werden wollen.**

Ohnerachtet in Tractatu de Anno 1709. §. 18. verſehen/ daß durch die ex parte
Churpfalz vorbehaltene Jagd weder der Dominus territorialis an ſeiner forſtlichen
Obrigkeit/ weder die Unterthanen an ihrem Eigenthum geſtöhret werden ſollen;
So hat jedannoch im Jahr 1716. der Churpfälziſche Oberjäger denen Schifferſtat⸗
teren in ihrem gemeinen Wald den uralt hergebrachten Weidgang ganz neuerlich
zu verbiethen ſich unterſtanden. Auch hat der Schultheiß auf der Rehehütten ſich
angemaſſet ſeine Ochſen auf der Schifferſtatter gemeinen Allment zu weiden/ und
ohngeachtet vermög eines zwiſchen denen Oberämtern Neuſtatt und Kirr⸗
weiler im Jahr 1629. errichteten Vertrags ermeldter Rehehütten im Schifferſtat⸗
ter Wald und Gemarkung kein Weidgang competiret/ mithin letztere dem freve⸗
den Schultheiſſen die Ochſen billig gepfändet. So ſeynd denen Schifferſtattern
dannoch durch das Oberamt Neuſtatt zu Oggersheim 6. Pferde arretiret/ und ohn⸗
erachtet der auf vorherige Communication zwiſchen beederſeitigen Regierungen dieſ⸗
ſeits beſchehener Reſtitution der Ochſen 2. Pferde zuruck behalten/ und durch den
Rehehütter Schultheiſſen der unbefugte Weidgang continuiret worden.

So

Ja es hat der Churpfälzische Oberjägermeister von Hacke denen Schifferstattern in ihrer Viehe-Weid und Schäferey widerrechtliches Ge- und Verbott vorzu-
schreiben sich angemasset. Ferners hat im Jahr 1721. der Churpfälzische Jägers-
Bursch aus Befehl des Forstmeisters denen Schifferstattern ein Schwein aus der
Heerd erschossen/ und damit zu continuiren bedrohet/ biß die Schifferstatter des Weidgangs im Wald müßig gehen würden.

Gleich dann auch im Jahr 1736. diesen bedrangten Unterthanen 5. Hämmel
wegen ihres Weidgangs abgepfändet worden; Welche Zudringlichkeit immer fort-
gedauret/ und die Schifferstatter von denen Jägeren sowohl/ als Dannstatter Unterthanen in ihrem Weid-Strich gestöhret worden.

In novissimo Tractatu ist verglichen/ daß der Gemeind Schifferstatt ihr ohnbe-
schränkter Weidgang nicht zu eng eingefangen werden solle.

Gravamen LXXV.

betrift

**Daß Churpfälzischer Seits einige Unterthanen von Schifferstatt
zur Churpfälzischen Erb-Bestands-Commission nacher Mannheim** privativè **citiret worden.**

Der Tractat de Anno 1709. enthaltet §. 9. daß zu Schifferstatt dem Fürstlichen Hochstift Speyer omnimoda Jurisdictio über die Churpfälzische darin gelegene
Güter und Höfe zustehe.

Dessen ohngeachtet hat Churpfalz sich angemasset/ mit Vorbeygehung dieselbti-
gen Amts einige Unterthanen von Schifferstatt unter Verlust ihres Erbbestandes im
Jahr 1749. nacher Mannhein zur Erb-Bestands-Commission zu citiren, mit dem
unanständigen Bedrohen/ daß/ wofern dem Botten sein Lohn für den Gang nicht
bezahlet würde/ der erste Schifferstatter Unterthan an der Churpfälzischen Zoll-
Statt gepfändet werden solte.

Man hat sich zwar über diese Tractats- und Rechts-widrige Anmassung bey
Churpfälzischer Regierung alsogleich beschweret/ aber darauf keine Antwort weniger remedur erhalten.

In novissimo Tractatu ist es zu beyderseitigen Herrschaftlichen Willkühr gestellet/
die Erb-Beständere in contentiosis über die Erb-Bestandnussen entweder selbst zu
verabscheiden/ oder solche ad forum Domini directi zu verweisen.

Gravamen LXXVI.

betrift

**Das vom Kloster Limburg eigenthümlich ansprechende Schulhaus
zu Kleinschifferstatt.**

In dem Tractat de Anno 1709. §. 10. ist der Ort Kleinschifferstatt mit aller
Landesfürstlichen Hoheit/ Jurisdiction/ und Rechten dem Hochstift gegen andere
beträch-

beträchtlichſte dieſſeitige Ortſchaften eigenthümlich übertragen worden/ mithin nach geſchloſſenem Tractat von Hochſtifts wegen auch das daſige Schulhaus nomine gnädigſter Herrſchaft in Poſſeſſion genommen worden.

Es hat aber die Churpfälziſche geiſtliche Adminiſtration Namens des Kloſters Limburg den Eigenthum dieſes Hauſes angeſprochen/ und ſich geweigert/ darab die ſonſt gewöhnliche Schatzung und andere Onera zu præſtiren.

In noviſſimo Tractatu iſt dieſer Punct weiterer Unterſuchung ausgeſtellet.

Gravamen LXXVII.

betrift

Die irregulaire Wäſſerung deren oberhalb Bruchſal an der Bruchſaler Bach gelegenen Churpfälziſchen Ortſchaften, desgleichen das unbefugte zuruck ſchwellen und aufhalten dieſer Bach von ihrem ordinairen Lauf.

Alte vorhandene Bach-Ordnungen geben klare Maas und Ziel/ wie die Churpfälziſche oberhalb Bruchſal gelegene Ortſchaften ohne Nachtheil und Beſchädigung dieſſeitiger Müller und Unterthanen ihre Wieſen wäſſern ſollen.

Allein man hat faſt alle Jahr die Erfahrnuß/ daß erwehnte Churpfälziſche Unterthanen durch Vorſetzung derer Schutz-Bretteren die Bruchſaler Bach anhalten/ und ſchwellen/ hierdurch ſofort die darunter liegende Bruchſaler Mühlen im Mahlen vielfältig gehindert/ und in groſſe Verſaumnuß geſetzet worden.

Die denen im Hochſtift Speyer unterhalb gelegenen Mühlen vielfältig zu Frühlings- und Sommers-Zeiten beſchehene Entziehung des Waſſers verurſachte zeithero einen Schaden von 3300. fl.

In noviſſimo Tractatu wurde dieſe Unordnung in dem Wäſſeren auf die bisherige ſchon vorhin beyderſeits verglichene Obſervanz verwieſen.

Summa Totalis

Des dem Hochſtift Speyer durch vorhergehende Gravamina zugewachſenen Schadens/ ohne dasjenige/ was ohnmöglich zu individuiren geweſen/ iſt und belauffet ſich auf 324763. fl. 3. kr.

Nr. 2.

Extract aus dem zwiſchen dem Hohen Churhaus Pfalz und dem Fürſtlichen Hochſtift Speyer ſub datis Mannheim den 16ten und Bruchſal den 23. Aug. 1755. errichteten Tractat.

Wir Carl Theodor von GOttes Gnaden Pfalzgraf bey Rhein/ des Heil. Röm. Reichs Erzſchatzmeiſter und Churfürſt in Bayern/ zu Gülich/ Cleve/ und Berg

l   Herzog

Herzog/ Fürst zu Mörß/ Marquis zu Bergen-Opzoom, Graf zu Veldenz/
Sponheim/ der Marck und Ravensberg/ Herr zu Ravenstein ꝛc. ꝛc.

Wir Franz Christoph. von GOttes Gnaden Bischof zu Speyer/ des heiligen
Röm. Reichs Fürst/ Probst zu Weissenburg ꝛc.

Bekennen für Uns/ Unsere respectivè Erben und Nachkommen hiermit/ und
fügen Kraft dieses solennen Vertrags-Briefs zu wissen:

Demnach zwischen Unserem Churfürstenthum der Pfaltz-Graffschaft bey Rhein
und Unserem Fürstlichen Hochstift Speyer auch dessen gefürsteten Probstey Weissenburg solche namhafte Irrungen und Strittigkeiten entstanden/ daß dardurch Unseren beyderseitigen Chur- und Fürstlichen Landen und Unterthanen viele Beschwer-
nussen/ Schaden/ Kösten und Ungemach zugewachsen/ und Wir dahero solchem schäd-
lichen Zwietracht recht und gütlich abzuhelfen/ mithin ein vollkommenes recht gutes
nachbarliches Vernehmen vor allezeit herzustellen/ zu unterhalten/ und fortzupflan-
zen/ den reifen Bedacht genommen/ somit gemeinsam beliebet haben/ daß nach einer von Unseren besonders hierzu instruirt und bevollmächtigt gewesenen beederseit-
tigen Räthen und Ministern vorgegangener gründlicher Untersuchung/ und Behand-
lung/ sofort darüber/ auf eingezogenen Rath Unserer Chur- und Fürstlichen Regierungs- und Cammer-Collegien auch weitershin selbst genommenen Einsicht und innersten Erwegung aller obgewalteten Beschwerden,
die Sach in solchen Stand gebracht werden solle/ damit hierin durch gütliche Verein-
barung und Einverständnuß alle Anstände aus dem Grund gehoben und mittelst
eines dauerhaften Vergleichs demjenigen vorgebogen werde/ so den beyderseitigen
Ruhestand künftighin auf einige Weiß stöhren/ minderen oder aufheben möge.
Dabey Wir dann beyderseits das Augenmerk auf die löbliche Vorgänge Unserer in
GOtt ruhenden Herren Vorfahreren gewendet und die vorhin errichtete gütliche Tra-
ctaten/ besonders aber denjenigen von Anno 1709./ als über welchen bisanhero theils
dessen Verstand/ Sinn und Ausdeutung/ theils wegen verschiedener neuerlicher Vor-
fällen vielerley Streit und Irrungen entstanden/ dergestalten in Erwegung genom-
men/ daß Wir solche nicht nur in ihrer vollständigen Kraft und Würkung belassen/
und bestätigen/ sondern uns auch insbesondere dahin vereinbahret/ solche zum Grund
Unserer dermaligen gütlichen Verbindung vestzusetzen/ mithin aus reifest bedachtem
Muth und Willen endlich gegenwärtigen stetten- und immer vesten Vergleich in der-
jenigen Maas und Weiß beschlossen und aufgerichtet haben/ wie hernach in der Zahl
und Ordnung/ als jeglicher Beschwehr-Punct nach und nach vorgekommen und ver-
handlet worden ist ꝛc.

Nr. 3.

Copia Rescripti Cæsarei de dato 23ten April 1760. puncto Conrraven-
tionis des mit Churpfalz im Jahr 1755. beschlossenen Tractats.

Wir Franz von GOttes Gnaden ꝛc. ꝛc.

Was bey Uns des Bischof und Fürstens zu Speyer Andacht wider Euer
Lbd. und ihre nachgesetzte Regierung zu Mannheim puncto Con-aventionis Tracta-

tus

tus Anno 1755. erecti, beſchwerend vorgebracht/ und dieſfalls zu verfügen alleruntertѕ
thänigſt gebetten hat/ iſt aus nebenkommendem Exhibito de præſent. 21ten Martii nup.
mit mehererm zu erſehen.

Unſer gnädigſter Befehl iſt hierauf/ daß Euer Lbd. und ihr mitbeklagte Reѕ
gierung dem mit Impetrantiſchen Fürſten zu Speyer im Jahr 1755. errichteten
Vertrag alles ſeines Innhalts ohne weitere Aufzüglichkeiten in die behörige gänzliche
Erfüllung bringen/ auch/ falls Impetrantiſches Vorbringen in nachheriger Errichѕ
tung des neuen Zoll- und Geleits-Stock bey Grevenhauſen/ und der Abnahm 2. fl.
vor ein Fuder Wein/ ſtatt vorherigen 40. kr. ſamt übrigen Factis ſich angebrachter
maſſen befinden ſolte/ gedachtem Vertrag fernershin keines Weges zu widerhandlen/
und Impetrantiſchen Fürſten durch bisherige nicht Erfüllung/ und ſonſten zugeganѕ
genen Schäden und Köſten erſetzen/ ſofort denſelben in allem hierüber klaglos zu
ſtellen/ und wie ſolches geſchehen/ bey Uns in Zeit zwey Monaten geziemend anѕ
zeigen. Wien den 23. April 1760.

Lunæ 23ten Junii 1760. hat Tit. Herr Franz Ignatz Ferner von Fernau vorѕ
ſtehendes Reſcriptum Cæſareum in Originali. & Copia Tit. Herr Johann Joſeph
Muneretti von Rettenfeld, zurecht inſinuiren laſſen. Urkund geſſen meine eigenhänѕ
dige Unterſchrift und Pettſchafts-Fertigung. Actum Wien ut ſupra.

(L. S.)   Carl von Schröder.
Kayſerl. Reichs-Hofraths Thürhüther.

Documentum
Factæ Inſinuationis Reſcripti Cæſarei

An
Herrn Churfürſten zu Pfalz und deſſen nachgeſetzte Regierung zu Mannheim
In Sachen
Zu Speyer Herrn Biſchoffen und Fürſten
Contra
Herrn Churfürſten zu Pfalz/ und die Regierung daſelbſt.
Puncto Contraventionis Tractatus de Anno 1755.

Nr. 4.

Copia Reſcripti Cæſarei paritorii de dato 26ten Martii 1762. punѕ
cto Contraventionis des im Jahr 1755. mit Churpfalz beѕ
ſchloſſenen Tractats.

Wir Franz von GOttes Gnaden ꝛc. ꝛc.

Uns iſt gehorſamſt vorgetragen worden/ was Euer Lbd. und ihr mitbeklagte
Regierung wegen Nichterfüll- und Zuwiderhandlung des mit des Biſchofs und Fürѕ
ſtens zu Speyer Lbd. Anno 1755. geſchloſſenen Vergleich-Tractats auf Unſere unterm

23ſten April 1760. und 27ſten Febr. vorigen Jahrs diesfalls erlaſſene Kayſerliche Reſcripta einzuwenden vermeynet haben.

Nachdeme aber nach reiflicher Erwegung ſothane vermeyntliche Einwendungen in Rechten ungegründet befunden/ mithin verworfen worden.

So wollen Wir Euer Lbd. und Euch anderweit gerechteſt aufgeben/ daß Sie obgedacht, Unſeren Kayſerlichen Reſcriptis ein völliges Genügen leiſten/ auch ſämtliche in hierbeykommendem Exhibito de preſent. 23ſten Decemb. verfloſſenen Jahrs ferner= weit angezeigte neue Contraventionen/ den des Viehetriebs halber der Gemeind Reylingen in den Dillender Wald mit angeführten/ und ad ſeparatum verwieſenen Punct alleinig ausgenommen/ gänzlich abſtellen/ und wie ſolches geſchehen/ bey Uns in Zeit zwey Monaten geziemend anzuzeigen; Und ꝛc. Wien den 26ſten Martii 1762.

Nr. 5.

Copia Reſcripti Cæſarei de exequendo de dato 11ten Octob. 1763. puncto Contraventionis. des im Jahr 1755. mit Churpfalz beſchloſſenen Tractats.

Wir Franz von GOttes Gnaden ꝛc. ꝛc.

Wir geben Euer Lbd. als Biſchoffen zu Worms und mitausſchreibenden Für= ſten des Oberrheiniſchen Creyſes/ wie auch Euer Lbd. Lbd. als ausſchreibenden Für= ſten des Schwäbiſchen Creyſes ab dem Copeylichen Anſchluß de præſent. 21ſten Mar= tii 1760. mit mehrerem zu erſehen/ wasmaſſen bey Uns des Biſchofs und Fürſten zu Speyer Lbd. gegen des Churfürſten zu Pfalz Lbd. und Dero nachgeſetzter Re= gierung zu Mannheim puncto Contraventionis Tractatus Anno 1755. erecti erheb= liche Klag zu führen bemüſiget worden.

Da nun aber von denen Impetraten Unſerer darauf ergangenen und hier an= geſchloſſenen Kayſerlichen Verordnungen/ als dem Reſcripto vom 23ſten April 1760. ut & ulteriori de 27ſten Febr. 1761. und der darauf erfolgten Paritori-Urthel de 26ſten Martii vorigen Jahrs nach Verlauf deren weiters ſub Comminatione realis Executio= nis geſtatteten Friſten die ſchuldige Parition nicht geleiſtet worden/ und Uns deswe= gen der klagende Biſchof/ um die würkliche Execution ergehen zu laſſen/ unterthä= nigſt gebetten hat.

Alſo wollen Wir mit Verwerfung des Impetratiſch= blos zu aufzüglichen Zeit= Geſuchs zu Beförderung der heilſamen Juſtiz Euer Lbd. Lbd. Lbd. hiermit freund= und gnädiglich aufgetragen haben/ daß ſie des Impetratiſchen Churfürſten zu Pfalz Lbd. und deſſen nachgeſetzter Regierung zu Mannheim annoch eine zwey monathliche Friſt ad ſatisfaciendum Reſcriptis Noſtris Cæſareis & ſubſecuto paritorio anſetzen/ in Entſtehung deſſen aber ſumtibus ejusdem partis impetratæ die Execution gebührend vollſtrecken/ ſofort impetraten zu Erfüll= und nicht Contravenirung in all= und jeden Punct des inter partes errichteten klaren Vertrags de Anno 1755. executivè anhalten/ und wie ein/ ſo anderes geſchehen/ Uns demnächſt geziemend anhero berichten. Und ꝛc. Wien den 11ten Octobris 1763.

Nr. 6.

Nr. 6.

Copia eines von Churpfalz an das Hochstift communicirten Auffatzes.

Von GOttes Gnaden Carl Theodor ꝛc. ꝛc.
Und
Von deſſelben GOttes Gnaden Franz Chriſtoph ꝛc. ꝛc.

Gleichwie Wir der Churfürſt zu Pfalz gnädigſt gewillet ſeynd/ Unſer erkauft-
und beſitzendes Allodium der Reichs Herrſchaft Neckarſteinach an Recht- und Gerech-
tigkeiten/ Gütheren und Gefällen (mit einziger Ausnahm des durch den verſtorbe-
nen Freyherrn von Metternich erkauften und neu auferbauten ſteinernen Hauſes
ſamt Garten und Zugehörungen/ desgleichen der Bann-Mühl und anderer Unſerer in denen von dem Biſtum Speyer als Lehn nicht angeſprochen werdenden übrigen Ortſchaften und Stücken gemeldter Herrſchaft habender Zuſtändnuſſen) Unſerem
(Tit.) Freyherrn von Wrede in Anſehung ſeiner Unſerem Churhaus Pfalz
geleiſtet-und ferners leiſtender erſprießlicher Dienſten zu Mann-Lehen zu con-
feriren/ alſo haben Wir der Biſchof und Fürſt zu Speyer gnädigſt entſchloſſen/ ebe-
ner maſſen ihme Freyherrn von Wrede mit dem von Unſerem Hochſtift relevieren-
den Lehn und ſamtlichem Zubehör ſo/ wie es die Familie Von Landſchaden/ und
nach derſelben ausgegangenen Mannſtamm die von Metternich zu Dodenburg und
Müllenarck zu Lehen getragen/ von neuem zu belehnen. Urkundlich Unſerer re-
ſpective Chur- und Fürſtlicher ſelbſthändigen Unterſchriften/ und angefügten Secret-
Inſiegeln. Schwetzingen den   und Bruchſal den

Nr. 7.

Extract Churfürſtlich- Pfälziſchen Reſcripti an die Churpfälziſche
Regierung zu Mannheim de dato 16ten Aug. 1755.

P. P.

Erſagter Regierung wird derowegen ein wie anderes zur Nachricht und des
Ends gnädigſt zu vernehmen gegeben/ um nicht nur von dieſem Vertrag integrale
Communication an Churfürſtliche Hof-Cammer zu thun/ ſondern auch denen ein-
ſchlagenden Oberämtern/ Bretten/ Heidelberg/ Neuſtatt und Germersheim/ die
eines jeglichen Bezirk eigends berührende Artikuln auszüglich zu fertigen/ dabey ihnen aufs nachdruckſamſte einzuſchärfen/ daß deme gemäß durchaus mit Pflicht-ſchul-
digſter Folgleiſtung ſich betragen/ in Vorgängen mit genachbarten Fürſtlich-Speyeriſchen Beamten behörenden Glimpf und nachbarliche Beſcheidenheit gebrauchen/ von
widrigen Verhängnuſſen und thätlichen Vorkehrungen ohne ſpeciele Anfrag und
poſitive Regierungs-Verordnung ſowohl/ dann auch von dergleichen und überhaupt
von ſolchen Berichteren und Anträgen/ die auf der Sachen inneren Grund unzu-
länglich/und ohne rechtlichen Beſtand/ anzeiglich eben in gegenwärtiger Sach vorgekommenen Erfahrnuß erfinden werden/ ſich enthalten ſollen ꝛc.

Copia Churpfälzischen Regierungs-Rescripti ans Archiv ꝛc.

Gegenwärtiges Originale des wegen denen mit dem Bißthum Speyer in diversis zeithero obgewalteten Irrungen abgeschlossenen- und ausgewechselten Vergleichs
wird dem Churfürstlichen Archiv zu dem Ende zugeschickt/ um solches daselbsten
wohl verwahrlich aufzubehalten. Mannheim den 20sten Sept. 1755.

An die Churfürstliche Hof-Cammer.

Demnach Ihro Churfürstliche Durchlaucht wegen denen mit dem Bißthum
Speyer in diversis zeithero obgewalteten nachbarlichen Irrungen einen gütlichen Vergleich abgeschlossen/ fort den darüber errichteten und unterm 16. und 23. Aug. nup.
gezeichneten Receß Dero Churpfälzischen Regierung zufertigen lassen; Als hat man
in Gefolg abschriftlich anliegenden dabey mit eingelängten gnädigsten Rescripti vom
16ten Aug. nup. einer Churfürstlichen Hof-Cammer sothanen Receß hierdurch zu-
schicken wollen. Mannheim den 20sten Septemb. 1755.

An die geistliche Administration post Verba: zufertigen lassen.

Als wird der Churpfälzischen geistlichen Administration/ soviel dieselbe berühret/
von sothanem Receß Art. 1. & 77. nachrichtlich und zur conformen Beobachtung hierdurch communiciret. Mannheim ut supra.

Ans Oberjägermeisterey Amt post Verba: zufertigen lassen.

Als werden dem Churpfälzischen Oberjägermeisterey Amt die aus sothanem
Receß dorthin einschlagende Articulen 26. 37. 67. 68. 69. 70. 71. 74. & 75. nachrichtlich und zur conformen Beobachtung hierdurch zugefertiget. Mannheim den
20sten Septemb. 1755.

An die Universität zu Heidelberg post Verba: zufertigen lassen.

Als wird der Churpfälzischen Universität zu Heidelberg der dieselbe in sothanem
Receß betreffende Art. 85. zur Nachricht/ und um deine Gemäß sich mit denen habenden Gründen zur statthaften deren Vorlegung sich gefaßt zu machen/ in Abschrift
hierdurch zugeschicket. Mannheim ut supra.

An die Oberämter Bretten, Heidelberg, Neustatt, Germersheim post Verba: zufertigen lassen.

Als werden in Gefolg des dabey mit eingelangten Churfürstlichen gnädigsten
Rescripti dem Oberamt N. die desselben Bezirk eigends berührende Articulen auszüglich hierdurch zugeschicket/ aubey ihme zugleich nachdrucksamst eingeschärfet/ daß
neben behöriger Verkünd- und Eröfnung an die darunter begriffene Communen deine gemäß durchaus mit Pflicht-schuldigster Folgleistung gedachten Oberamts sich be-
tragen/ in Vorgängen mit genachbarten Fürstlich-Speyerischen Beamten/ Bedienten und Unterthanen behörenden Glimpf und nachbarliche Bescheidenheit gebrau-
chen/ von widrigen Verhängnussen und thätlichen Vorkehrungen ohne speciale Anfrag und positive Regierungs-Verordnung sowohl/ dann auch von dergleichen und

überhaupt

überhaupt von solchen Berichteren und Anträgen/ die auf der Sachen innerem
Grund unzulänglich/ und ohne rechtlichen Bestand anzeiglich eben in gegenwärtiger
Sache vorgekommenen Erfahrnuß erfunden werden/sich enthalten solle. Mannheim
den 20sten Septemb. 1755.

Nr. 8.

Extract aus dem zwischen dem Hohen Churhaus Pfalz und dem
Fürstlichen Hochstift Speyer errichteten jüngsteren Vertrag
de Anno 1755. Art. 87.

Demnach gereden und versprechen Wir der Churfürst zu Pfalz/ und Wir der
Bischof zu Speyer bey Unseren Chur- und Fürstlichen Ehren all- und jedes/ so
hiebevorn geschrieben stehet/ seines durchgängigen Innhalts zur Erfüllung bringen-
und vollstrecken/ dargegen niemalen weder von Uns/ noch durch die unsrige mindest
widriges Handlen/ oder geschehen sondern darauf stet/ vest und ohnverbrüchig immer halten zu lassen.   Sollen und wollen beynebens je einer des anderen zugehörige Landen und Leuthen/ Ehr und Nutzen in stets während nachbarlicher Ver-
ständnuß/ Freundschaft und Wohlvernehmen best möglichst beförderen ꝛc.

Nr. 9.

Copia einer von dem Churpfälzischen Sachwaltern von Gay unterm 12ten Martii 1750. beym Höchstpreyßlichen Kayserlichen Reichs-Hofrath exhibirten alleruntertänigsten Anzeige.

Es haben zwar Euer: in auffen rubricirter Sache ad sinistra narrata Partis Impe-
trantis, und in der irrigen Meynung/als ob Se. Churfürstliche Durchleucht zu Pfalz
Anwalds gnädigster Principal und Herr zu einem gütlichen Vergleich niemalen einen
ernstlichen Willen gehabt/ sondern durch die bisher nachgesuchte Terminos nur Aufzüglichkeiten gesucht hätte/ den 12ten Febr. nup. per Conclusum clementissimum sub
Lit. D. gegen höchstgedacht Se. Churfürstliche Durchleucht ein Rescriptum paritorium
in contumaciam erkant. Es wird sich aber aus dem dieser Tagen eingelangten und
sub Lit. E. in Originali hieben angehefften Churfürstlichen Schreiben vom 27sten
passato, wie auch dessen Inschlussen sub Lit. F. & G. zeigen/ wasmassen mehr Höchst-
ernannt Se. Churfürstliche Durchleucht je und allezeit sincerissimum animum ineundi
amicabilem compositionem mit Sr. Hochfürstlichen Gnaden dem Herrn Bischoffen zu
Speyer gehabt/auch hierzu ihres Höchsten Orts dem Herzoglich-Zweybrückischen geheim-
den Rath Freyherrn von Wreden würklich pro Mediatore erkiesen haben/ mithin der
Erfolg dieser gütlichen Handlung nicht an Ihro- sondern einzig und allein an Dero
Hohen Gegentheil abgehangen habe. Wann dann solchergestalten Se. Churfürstliche Durchleucht zu Pfalz in der That keine Aufzüglichkeit gesuchet/ weniger eine Con-
tumace sich zu Schulden haben kommen lassen/ also solle Euer: unterzeichneter Churpfälzische Anwaldt alleruntertänigst Bitten/ Allerhöchstdieselbe allergerechtest geruhe

hen

den möchten/ gegenwärtige purgationem mor~ vor sufficient anzunehmen/ mithin obgedachtes Refcriptum paritorium utpote ob- & subrepticiè impetratum wieder aufzu-heben/ fofort auch deſſen Expedition einſtellen zu laſſen/ gleich er dann hierüber ꝛc.

Nr. 10.

Copia von Jhro Churfürſtlichen Durchleucht zu Pfalz an den Reichs-Hofraths-Agenten von Gay ergangenen Refcripti de dato Mannheim den 27ſten Febr. 1750.

Was Wir aus Gelegenheit des in Sachen zu Speyer Herrn Biſchoffen und Fürſten contra Churpfalz/ punɛto Juris pifcandi jenſeits durantibus Tractatibus neulich ausgebrachten Reichs-Hofraths Concluſi an die hierzu erkieſene Herrn Mediatores ſowohl/ als an Unſere Churpfälziſche Regierung sub hodierno ergehen laſſen/ ſolches wird euch/ mittelſt deren Copeylichen Nebenlagen in Antwort eueres Berichts vom 14ten decurr. des Ends zu erſehen gegeben/ um davon die andurch beſcheinigende Anzeige zum Kayſerlichen Reichs-Hofrath zu thun/ und zugleich dahin anzutragen/ daß weilen Biſchöflich-Speyeriſcher Seits die offenkündige Wahrheit des würklich in Begrif ſtehenden Mediations-Hergangs Zuverſichtlich nicht würde noch könnte in Abrede geſtellet werden/ alſo die Expedition des zumal ohnſtatthaften Refcripti paritorii in ohnerfindliche Contumaciam ſufpendiret bleiben möge/ verſehen Uns deſſen gänzlich/ und ſeynd ꝛc.

Nr. 11.

Copia Schreibens von Jhro Churfürſtlichen Durchleucht zu Pfalz an Tit. Freyherrn von Wreden de dato Mannheim den 27ſten Febr. 1750.

Meinen ꝛc. Wir müſſen die abermalen von Biſchöflich-Speyeriſcher Seiten zu eben der Zeit/ wo die geſammte Differenzien unter beyderſeits beliebter Vermittlung beruhen/ und in dem ſchon eingeleiteten Mediations-Erfolg begriffen ſeynd/ dannoch immer ohnbefugt fortſetzende gerichtliche Anfertigungen/ wie aus neben gehenden von Biſchöflich-Speyeriſcher Seiten ausgebrachten Reichs Hofraths-Conclufo in Sachen zu Speyer Herren Biſchoffen und Fürſten contra Churpfalz/ punɛto Juris pifcandi in Rheno des mehreren erhellet/ höchſtbefreimbdlich vorkommen.

Bey ſolcher der Sachen ohnerwarteten Beſchaffenheit iſt damnach an den Herrn Baron Als zu Vermittlung geſammter Differenzien erkieſenen Mediatoren mein gnädiges Anſinnen hiermit/ derſelbe wolle dieſes über allen Wohlſtand und Geziemenheit hinaus gehendes ohnglimpfliches Verfahren dem Herrn Biſchofen und Fürſten zu Gemüth führen/ ſomit veranlaſſen/ daß ſelbiger Seits man entweder an den eingeſchlagenen Vermittelungs-Weeg ſich vergnüge/ und deſſen Erfolg behörend abwarte/ ſofort indeſſen mit denen Proceſſualiſchen Weiterungen in Ruhe und ſtillſtehe/ oder/ wann mit letzteren ſich beſſer genutzet wolte geglaubet werden/ darüber ſich

deutlich

deutlich und so erkläre / damit hiernach anderweite Maaßnehmungen vorgekehret werden könnten / und da ich nichts destoweniger immittelst die schon vor etlichen Jahren zur vollkommensten Ueberzeugung freundnachbarlicher Friedfertigkeit einsweilen provisoriè, salvâ tamen Causâ principali, & Jure cujuscunque selbst mit jenseitiger Einverständnuß an die einschlägige Aemtere erlassene superfessorische Verordnung meines Orts erneueret habe / so bin ich begierig / die hierauf erfolgende jenseitige Aeusserung mit ehestem zu vernehmen / und verbleibe ꝛc.

Nr. 12.

Copia

Sereniſſimus Elector.

Churpfälzische Regierung wird sich zu erinneren wissen / was für ein nachdrucksames Superfefforium dieselbe in Sachen zu Speyer Herrn Bischoffen und Fürsten contra Churpfalz / punкto Juris piscandi, in Ansehung der beyderseits eingeschlagener glücklicher Vergleichs-Handlungen / gnädigst befohlenermassen / an die Oberämtere Germersheim und Neustatt hiebevor habe ergehen lassen.

Da nun nach Ausweiß eines in Sachen jenseits gantz neuerlich ausgebrachten Reichs-Hofraths-Conclusi Ihre Churfürstliche Durchleucht nicht nur Dero Beschwerden gegen dieses durante mediatione ohnerwartetes Verfahren durch die hierzu erkiesene Herren Mediatores bey dem Herrn Bischoffen zu Speyer sub hodierno anbringen lassen / sondern auch immittelst gnädigst und ernstlich wollen / daß zu vollkommener Ueberzeugung freundnachbarlicher Friedfertigkeit ermelte Regierung denen Oberämtern Germersheim und Neustatt den gemessenen Befehl wiederhohlter zugehen lassen solle / um noch zur Zeit mit aller dießseitiger Verfänglichkeit nach Maaßgab Dero dießfalls allschon mehrmalen ertheilter gnädigster Willens-Meynung bis auf weitere Verordnungen nachsehen zu lassen; also hat ermeldte Regierung sich deme allerdings gemäß zu achten. Mannheim den 27ten Febr. 1750.

An Churfürstliche Regierung also abgegangen.

Nr. 13.

Extraктus Kirrweillerer Oberamts Protocolli de dato 4ten Septemb. 1666.

St. Martin zeiget an / und klagte / daß den 2ten hujus 70. Pfälzische Ausschüsse zu Fuß der Gemeind 20. Stück groß und klein Rindviehe auf dem Gewälde Morgens um 9. Uhr hinweggenommen / und nach Sanкt Lambrecht geführet haben.

Item de dato 6ten ejusdem

Haben die Churpfälzische aus Neustatt vor hiesigem Flecken (Kirrweiler) Hannß Nagels Sohn mit 1. / Michel Marren Wittib Sohn mit 2. / und Henrich Holzhausers Knecht mit 2. / neben Philipp Lethen 2. Pferden ausgespannet / und vorgedachte gefänglich nach Neustatt geführet.

n   Item

Item de datis 9. 10. und 11ten Septembris

Hainbach ist mit Kirch und Schlössel durch erwehnte Pfälzische gestürmet/ und rein ausgeplünderet/ in die 70. Stuck Rindviehe hinweggetrieben/ die Sacristey allda aufgebrochen/ und alles ausgeraubet/ die Bilder zerschlagen und verhauen/ der Tauf=stein zerschmetteret/ alles Schreinerwerk nacher Neustatt geführet/ die Oefen einge=schlagen/ alle Frucht/ Heu und Strohe hinweggenommen/ der Pfarr=hof dergestalt zugerichtet/ daß fast nicht mehr zu bewohnen/ dem Herrn Dechanten haben sie allda seinen Wein theils auslauffen/ theils hinwegführen lassen/ in Summa lauter arme Leuthe gemacht.

Bey wehrenden diesen Außplünderungen seynd mehrentheils Unterthanen aus Forcht und Schrecken von Haus und Hof ausgewichen/ denen aber aus gnädigstem Befehl Reverendissimi um wieder einzukehren zum öfteren anbefohlen worden/ und was ein jeder von einem und anderen verlohren/ auch wie stark diejenige Chur=pfälzische/ so die Einfäll also gewaltthätig gethan/ und wo sie her seynd/ umständ=lich zu specificiren/ und zum Oberamt zu berichten/ mit dem ferneren verbieten/ daß an demjenigen/ was von Churpfalz an jede Gemeinde gesonnen würde/ nicht einzuwilligen/ noch abstatten/ sondern denen Ihro Fürstlichen Gnaden treugeleisteten Pflichten gemäß in gebottenen und verbottenen dem Oberamt den Gehorsam zu lei=sten/ und daß ein jeder zu Defension des ihrigen sein Rohr/ so er hinweg geflehet/ wiederum an die Hand schaffe/ und seine Wachten/ wohin sie bescheiden wird/ treulich versehe.

Item de dato 18ten Octobris 1666.

Ist Hainbach nochmalen geplünderet/ daß Schlößlein durch die Pfälzer gestür=met/ die darin liegenden Lotharingischen Sergeanten neben bey sich habenden 8. ge=meinen Knechten niedergemacht/ neben 2. Unterthanen Hannß Schuck/ und Wendel Schwoben Sohn und Michel Schabe/ worauf Reverendissimi Keller angegriffen/ und von Dero eigenthümlich allda vorhandenen Weinen in die 19. Fuder gewalt=thätig nacher Neustatt führen lassen/ ohne was sie an Oefen/ Schlösserwerk und Schreinerwerk abgebrochen/ verherget/ zerschlagen/ und abgeführet/ worzu jung und alt neben Dienstbotten mit bey sich habenden Wägen und Kärchen sich ohne Scheu gebrauchen lassen.

Denningen ist auch ausgeplündert worden/ allwo sie 19. Pferd neben anderen Sachen mit sich nacher Neustatt geraubet.

Item

Als den 23sten Octobris die Churpfälzische Armee/ wobey er (der Churfürst) sich persönlich eingefunden zu Germersheim dißeits Rheins gangen/ campirte er den 25sten zu Zeiskamin/ und folgenten 26sten ist er uf Eßingen geruckt/ so sich neben dem Schloß gleich ergeben/ dessen Zwingers=Mauren er ringsherum bis auf den Boden niederreisen lassen.

Des anderen Tags den 27sten ruckte er von da uf Großfischlingen/ verschl=tend in die 200. seiner Unterthanen mit allerhand Bauren=Instrumenten/ und so=

fort

fort uf Veningen / allwo dieselbe grosse Schaden mit der Fütterung und anderen gethan haben / Schreinerwerk und Theils Fenster zerschlagen / in die 30. Stück Schwein s. h. gemezelt und hinweg genommen / der Churfürst nahme sein Quartier in dem Pfarrhof / dem Pfarrherrn liesse er in die 15. Stück Schwein hinwegneh= men / viel Wein in den Keller lauffen lassen.

Den 29sten ipso Simonis & Judæ, nachdeme Churfürst bey dem Schloß Ebes= heim recognosciren lassen / nahme er seinen Marsch bey Altorf die Höhe hinunter zwischen Kirrweiler und Duttweiler / thäte hiefigen Flecken berennen / und folgenden Tags denselben durch einen seiner Trompeter ufforderen / deme der allhier liegende Lotharingische Obrist=Lieutenant antwortete: Könte kommen / wolte seiner erwarten / müßte zuvorderst zu Mittag essen / unterdessen hat man sowohl aus dem Flecken / als dem Schloß mit Doppelhacken / und anderen unter die Pfälzische vor dem Flecken herum stehende Trouppen starck Feuer geben / Vormittags um 9. Uhren beschosse er den Flecken mit 4. Stücklein von 6. Pfund jedes / stürmete darauf mit Nieder= reissung deren Pallisaden / worüber der Pfälzer viel geblieben. Unserige haben sich allgemach dem Schloß zu / unter denen ein Lotharinger geblieben / und einer la Fleur verwundet worden. Verlassend den Flecken denen Pfälzeren die dann selbi= gen und folgenden Tags den 31ten Octobris mit Abdeckung / Zerschlagung der Häu= ser bevorab des jezigen Ausfauthens neuerbautes Haus dergestalt gehauffet / daß kein Tyrann erschröcklicher haussen können / die Früchten ohnausgedroschen hinweg in das Lager geführet / und ihre Baraquen davon gebauet / theils vom Speicher ab= gefasset / den Wein theils lauffen / die Fässer zerhauen / wie auch viele mit dem Wein ufgeladene Oefen / Schlösser und Eisenwerk abgebrochen / die Mühl und meh= rentheils Keltern samt zugehörigen Geschirr verhauen / und zerschmetteret / die zwey grosse Glocken samt der Schlag=Uhren und Zeiger von dem Thurn herunter geworfen und abgeführet / neben demjenigen kleinen Glöcklein / so in der Capellen vor dem Flecken stehet / worinnen die Kirchen= und Bilderstürmer dem Mutter= Gottes Vesperbild die Nas abgeschnitten / und dem uf ihrem Schoos liegenden Paß= sions=Bild unseres HErrn GOttes das Haupt abgehauen / den Opferstock berau= bet / und in die 2000. fl. Werth an dem Wingert=Holz um den Flecken herum in denen Wingerten / mit Abbrech= und Verbrennung dessen / Schaden gethan / und in die 100. Stück Viehe genommen ꝛc.

Immittelst seynd selbige Nacht die Pfälzische zu gedachtem Geinsheim stehen geblieben / und nachdeme der Churfürst das annoch vorhandene Rindviehe durch sei= nen General-Majoren uf Parole und mehrere Sicherheit vermeyntlich uf den Kirch= hof zusammen führen lassen / ist solches alles / und was die arme Unterthanen / ohnerachtet das Dorf mit der Contagion heftig inficiret worden / annoch an Haus= rath und Früchten im Vorrath gehabt / Preiß= und zum Raub gemacht worden.

Nr. 14.

Nr. 14.

Extract auß dem zwischen dem Hohen Churhauß Pfalz und dem Fürstlichen Hochstift Speyer in Anno 1709. errichteten Vertrag und desselben 62sten Artickul.

Hingegen sollen und wollen Wir beyde Theil einer des andern/ wie auch dessen Land und Leuthen/ Ehr/ Nutzen und Frommen in guter nachbahrlicher Verständnuß/ Freundschaft und Wohlvernehmen nach Möglichkeit beförderen; dafern sich aber einige alt- oder neue Mißverständnuß/ es seye über diesen oder andere Verträge/ Gütheren oder Gerechtigkeiten/ Zwischen Uns oder unsern respective Erben und Nachkommen erheben solten/ so soll doch kein Theil wider den anderen mit Gewalt etwas vornehmen/ sondern zuvorderst die Güte und schiedliche Mittel mit Ernst versuchet werden/ und da dieselbige nichts verfangen mögen/ ein jeder sich des in dem heiligen Röm. Reich verordneten Rechtens und ordentlichen Gerichts begnügen, und den anderen immittelst biß zu Außtrag der Sach in seiner hergebrachten Possession ruhig lassen ꝛc.

Daß hiervorstehende Beylagen von Nr. 1. biß 14. inclusivè denen dahier vorfindlichen Urkunden in allem gleichlautend seyen/ wird von Endes Unterzogenem hiermit bescheinen. Bruchsal den 20ten Novemb. 1765.

(L. S.)　　　　Anton Martin,
Hochfürstlich-Speyerischer Archivarius und
Kayserlicher geschworner Notarius.

Dictatum Ratisbonnæ
die 21 Decembris 1765.

Per Moguntinum

Des Heiligen Römischen Reichs Churfürsten,
Fürsten, und Ständen, zu gegenwärtiger allgemeiner Reichs-Versammlung bevollmäch-
tigte vortrefliche Räthe Bottschafter und
Gesandte.

Hochwürdig, Hoch- und Wohlgebohrne, Hochedel-
gebohrne, Hochedelgestrenge, Vest- und Hochge-
lehrte Großgünstige
Hoch- und Vielgeehrte Herren!

Bey einer Höchstansehnlichen Reichs-Versammlung kame kurz
verruckter Zeit von Seiten Churpfalz in einer bey dem
Kayserlichen Reichs-Hofrath rechtlich ausgetragener Sache des Herrn Cardinalen, Bischoffen und Fürsten zu Speyer, entgegen
Se. Churfürstliche Durchleucht zu Pfalz, die Widerhandlung eines im
Jahr 1755. feyerlichst abgeschlossenen Vertrags berührend, ein Recursus
zum Vorschein; Dieser hatte eine so benamste kurze Ausführung
der rechtlichen Ursachen des Recurses zu seiner Begleit- und Begründung; Allein die hieraussen allenthalben hervorblickende unächte
Vorlegung der Sache, und der andurch bey dem Publico, und dem
gesamten Reich veranlaßte ohnrichtige und irrige Eindruck bewegten
Ihro Hochfürstliche Eminenz meinen gnädigsten Herrn, mittelst Ent-
gegen-

gegenstellung einer dahier angefügten so rubricirten Standhaften Aufklärung des Ungrunds eines von Churpfalz genommenen Recursus ad Comitia &c. die gründliche ganz anders bewandte wahrhafte Verhältniß der Sache ans offene Tag-Licht zu setzen.

Eine Höchstansehnliche allgemeine Reichs-Versammlung wird in ermeltem Abdruck ganz ohnwidersprechliche Ueberzeugungen antreffen.

1) Mit was Ohnerfindlichkeiten und Unbild man Sr. Hochfürstlichen Eminenz ab Seiten Churpfalz die Aufweckung nachbarlicher Unruhen zubürden wollen; nicht minder

2) Mit welchen Feyerlichkeiten, Vorsicht, und beyderseitiger engen Verbindnuß der angefochtene Vertrag im Jahr 1755. ohne mindesten Vorbehalt eines nun allererst vorgeblichen Æquivalents zum Abschluß gekommen.   Ferners

3) Wie ohnstatthaft die Churpfälzische Vorkehr so ein als anderer Austrægal-Instanz in gegenwärtiger Klag-Sache seye.   Folgends

4) Wie wenig aus dieser Privat-Strittsache ein Gravamen Statuum commune, und hieraussen so weiters eine Verlustigung des allgemeinen Fori primæ Instantiæ erwachsen, und erfolgeret werden könne; Daß dahero

5) Die Reichs-Hofräthliche Erkanntnuß einer Paritoriæ de non contraveniendo Tractatui &c. ein gerechtes und Reichs-gesätzmäßiges Verfahren zu ihrer Grundveste habe, und also die widrige Beschuldigung im Gegenhalt des richterlichen Betragens ganz ungemäß und ungleich seye; und endlichen

6) Wie bündig sich aus dem Zusammenhang all solcher Grundsätzen der Unfug, und die Ohnzuläßigkeit der Churpfälzischen von der ordentli-

ordentlichen Gerichtsstelle an eine Höchstansehnliche allgemeine Reichs-Versammlung in gegenwärtiger Sache gemachte Wendung von selbst beschliesse.

Bey so beschaffener Weesenheit der Sache stellen Se. Hochfürstliche Eminenz der tieffen Einsicht deren Höchst- und Hohen auch übrigen Reichs-Mitständen zu näherem Bedenken anheim, ob nicht im Gegentheil vielmehr eine allgemeine Reichsständische Beschwehrnuß aus deme entspringen müsse, wann Reichs-gerichtliche Abschlüsse in denen nach der Reichs-Verfassung an die ordentliche Reichs-Gerichtere gehörigen Rechtssachen durch willkührliche Recursen ad Comitia in solche Entkräftung solten versetzet werden können, daß hierdurch die Macht ihrer Vollstreckung gehemmet oder wohl gar vereitlet werden möge.

Es lassen sich die ohnfehlbare bedenkliche Folgen, und die hieraussen denen Höchst- und Hohen, sonderheitlich mindermächtigen Reichsständen zubringende allgemeine künftige Nachtheile und Bekränkungen in ihren Justiz-Angelegenheiten ganz ohnschwehr vor- und einsehen.

Ihro Hochfürstliche Eminenz, Höchst-welche sich und ihre Unterthanen gegenwärtig mit noch würklich andaurenden alten, und jüngster Zeit verhengten neuen Churpfälzischen schwehren Pfändungen, Arresten, und Vorenthaltung beträchtlicher in Churpfalz-Landen stehender Einkünften beklemmet sehen müssen, versprechen sich in dieser ihrer gerechtesten Sache die kräftigste Beyhülfe deren Höchst- und Hohen auch übrigen Reichs-Mitständen. Unter ganz zuversichtlicher Hofnung Höchst- und Hochdieselbe werden in erleuchtester Prüfung des aufgeklärten Ungrunds und Ohnzuläßigkeit dieses Churpfälzischen Recurses, wie auch ihres damit vereinbarten selbsteigenen wesentlichen allgemeinen Nachtheils nicht zugeben, daß durch solchen ohngeeigneten Recurs in dieser gerechtest entschiedener

schiedener Sache der Lauf der Justiz nun erst in Vollziehung des Abge-
urtheilten unterbrochen, und also die dießseitige obsiegliche gerechteste
Urtheil in eine Ohnwürksamkeit verleget werde.

Euer Excellenzien, Hochwürden, auch meine Großgünstig-Hoch-
und Vielgeehrte Herren solle dahero aus besonderem von Ihro Hochfürstlichen Eminenz meinem gnädigsten Herrn erhaltenen Auftrag hierdurch geziemend ersuchen, zum Behuf der Gott-gefälligen Gerechtigkeit
Ihre nachdrückliche Verwendung dahin einzulegen, womit dieser von
Churpfalz ergriffene Recurs nach seiner ganz augenfälligen Ohnzuläßigkeit auf seinem Ungrund lediglich belassen, dargegen die Hülfs-Vollstre-
ckung des Kayserlich-Reichs-Hofräthlichen Außspruchs ihre obsbehemm-
te Würkung und Fürgang haben, und zu solchem seinen Endzweck durch
deren Höchst- und Hohen Reichsständen kräftigsten Beywürkung be-
förderet werden möge.

In solcher rechtlichen Zuversicht beharre unter meiner geziemenden
Empfehlung ohnaußseßlich

Euer Excellenzien, Hochwürden Hoch- und Wohlgebohrnen
auch Hochedelgebohrnen,
Meiner Hoch- und Vielgeehrten Herren

ganz ergebenst-dienst- und bereitwilligster
Diener
J. S. Freyherr von Schneid.

9783743624023